好成绩
是规划出来的

李小妃 著

天津出版传媒集团
天津科学技术出版社

图书在版编目（CIP）数据

好成绩是规划出来的 / 李小妃著. -- 天津 : 天津科学技术出版社, 2023.11

ISBN 978-7-5742-1631-0

Ⅰ. ①好… Ⅱ. ①李… Ⅲ. ①小学生－家庭教育 Ⅳ. ①G782

中国国家版本馆CIP数据核字(2023)第185971号

好成绩是规划出来的

HAOCHENGJI SHI GUIHUA CHULAI DE

责任编辑：杜宇琪

责任印制：赵宇伦

出　　版	天津出版传媒集团 天津科学技术出版社
地　　址	天津市西康路35号
邮　　编	300051
电　　话	（022）23332695
网　　址	www.tjkjcbs.com.cn
发　　行	新华书店经销
印　　刷	唐山市铭诚印刷有限公司

开本 880×1230　1/32　印张 5　字数 83 000

2023年11月第1版第1次印刷

定价：36.00元

孩子的成长就像搭建一栋栋独一无二的建筑。小学阶段的教育就是地基,关乎孩子未来的成长。

有心理学家将小学阶段的孩子形容成"逐渐凝固的水泥",我们要在"水泥凝固"前让他们拥有良好的行为、习惯、性格、心态等。很多家长在孩子即将进入小学时会焦虑、迷茫,不知如何给予孩子最好的家庭教育。我们想要给孩子指引方向,就要在他们最需要的时候给予陪伴、关怀和照顾。那么,制订一份适合孩子小学阶段成长的规划是极为重要的。做好规划,孩子的学习将会更高效。

当然,制订规划不能一刀切,也不能由家长一方决定。家长应该根据孩子的心理特点和特性,与孩子一起来制订规划。制订规划要因人而异,更要因时制宜。

小学六年共分为三个阶段。

1—2年级是低年级阶段，是孩子系统、正规学习的启蒙时期，同时也是小学的开端。在这个时期，孩子的心智发育还不成熟，一切都在探索中学习，他们对父母有极强的依赖性。因此，我们要着重培养他们的学习习惯、学习态度。我们要从细节出发，从生活和学习中的小事开始，逐渐让他们养成良好的学习习惯和作息习惯。

3—4年级是中年级阶段，是低、高年级的衔接期。在这一时期，孩子开始渴望自主做事，逐渐减弱对父母的依赖。这是培养孩子自主学习力，增强记忆力、理解力的黄金时期。

5—6年级是高年级阶段，既是小学的收尾期，又是初中的铺垫阶段。这个时期要格外注意孩子的心理变化，家长需要帮助孩子平稳地度过青春期早期，引导他们接受心理和生理上的变化。

这三个时期各有特点，且相辅相成，它们共同组成孩子的小学学习生涯。

本书从孩子不同年级的心理特点出发，将小学的学习按照年级规划，帮助家长由浅入深、循序渐进地培养孩子的自主学习能力。如果你的孩子恰巧处于小学阶段或即将进入小学阶段，那么你可以从这本书中了解到不同年级的孩子需要如何规划学习和生活，可以了解如何从学习习惯、学习心态、情绪管理、学习方法、学习兴趣等方面多角度提升孩子的核心竞争力。

我希望看到这本书的你可以根据孩子的个体特点总结出最适合他的学习规划。我们不追求最好，而是着眼于"适合"二字。最好的不一定最适合，而最适合的一定是最高效的。

见证和陪伴孩子的成长，是父母给予孩子的最好教育。陪伴不仅仅可以给予孩子爱和希望，还可以和孩子共同成长。比如，一起面对可能出现的难题，一起接纳不完美的自己，一起学着和自己不断出现的负面情绪和谐相处，一起面对失败和坎坷。

好的教育不仅包括我们陪伴孩子面对风和雨，和孩子一起走过荆棘与鲜花并存的路，还包括给孩子的每一个重要人生节点制订好的规划。

　　好成绩是规划出来的。希望我们都可以为孩子规划好学习生涯，让孩子拥有一个璀璨的未来。

目录

第一章 小学适应期的习惯培养

鼓励孩子表达内心的想法　　002

关注孩子的情绪变化　　006

让孩子和好朋友一起参加课外活动　　010

尽快适应小学的作息时间　　014

给孩子一些时间适应新环境　　018

第二章 培养孩子的学习兴趣

给孩子积极的心理暗示　　022

兴趣是孩子学习的动力　　026

培养孩子的写话能力　　029

让孩子试着自己制订学习计划　　032

尊重孩子的同时正确引导他们的行为　　036

第三章 学习习惯和自主学习能力的培养

和孩子一起进行课前预习　　　　040

抓住学习的"黄金时间"　　　　　044

课后的复习必不可少　　　　　　　048

给孩子独立思考和解决问题的机会　052

语文：要注重阅读理解和写作　　　056

数学：侧重加强孩子的应用意识　　060

英语：需加强听、说、写训练　　　063

第四章 规划好中年级到高年级的承接期

到大自然中去积累写作素材　　　　068

积累答题技巧，学会举一反三　　　072

抓住英语语法启蒙的黄金期　　　　075

加强情绪管理，有效缓解压力　　　079

失败不要紧，要有学习的意志力　　083

第五章 五年级孩子应该懂得的四种有效学习方法

费曼学习法——孩子也可以当老师　　088

番茄钟学习法——高效利用时间　　092

SQ3R学习法——将厚书变薄　　096

康奈尔笔记法——让孩子正确记笔记　　100

第六章 让孩子找到适合自己的学习节奏和方法

孩子是学习的主体　　106

善于利用神奇的错题本去归纳和总结　　110

让孩子找到适合自己的学习方法　　114

规划学习时间，学会时间管理　　118

第七章 抓住小学最后的冲刺阶段

夯实基础才能事半功倍　　124

有计划地系统复习必不可少　　128

注意各个学科的学习侧重点　　131

小升初的准备工作要做好

第八章

家长在关注学校的同时要注意稳定心态　136

孩子的学习力才是第一竞争力　138

考前焦虑需及时调整　142

孩子需要掌握的应试技巧　145

第一章
小学适应期的习惯培养

小学与幼儿园的学习氛围不同。孩子在刚进入小学时，一定会有初入"新手村"的迷茫。一方面，他们活泼好动、好奇心强，对小学生活充满好奇；另一方面，他们可能上课不认真听讲，难以适应一年级的学习生活。所以我们需要给他们时间去适应新环境，从小习惯开始，引导他们养成良好的学习习惯。

鼓励孩子表达内心的想法

小学一年级孩子的心智还不够成熟，面对新事物，他们会出于本能地探索，在好奇心的作用下积极面对新环境，争取早日融入全新的小学生活。而面对未知，他们总会有难以消化和吸收的东西。他们或许会感到迷茫和不习惯，这个时候就需要家长及时引导，解开他们心中的困惑。

相较于幼儿园来说，小学一年级的孩子会明显地感觉自己的行为受到约束，在很长一段时间内不习惯被各种规矩和制度束缚。比如，遵守课堂纪律，执行小学的作息时间，按时完成老师的作业，遵守进入校园的规则，适应老师的严厉要求，等等。对于大多数孩子来说，他们会感到不习惯，这个时候家长可以试着鼓励他们说出自己内心深处的想法，用亲子沟通的方式来缩短与孩子之间的距离。让他们知道，面对陌生的环境不要紧，爸爸和妈妈会一直在他们背后支持和理解他们。

同事佳姐平时和孩子沟通时就比较看重孩子的想法，不仅时常鼓励女儿苗苗说出自己的心声，还会跟女儿分享自己的看法和心得。苗苗进入小学后很兴奋，对新学校的一切都感到好奇，但是一周过后，她还是感觉很不习惯。她说："妈妈，这里和幼儿园很不一样，老师管得太多了，我觉得她们太严厉了。"

佳姐没有反驳孩子的看法，而是对她说："你是怎么看出来老师很严厉的呢？"

苗苗说："班里有同学上课说话，还不写作业，老师在课堂上批评他们了，还罚他们抄写新学的汉字。"

佳姐又问："那你认为老师这样做是正确的还是错误的呢？"

苗苗想了想，说："老师说了，上课要遵守课堂纪律，不能说话，也不能乱走，每天留的作业也要按时完成。他们没有按照老师的要求做，应该受到批评，老师这么做没有错。"

佳姐问："既然老师这么做没有错，那你纠结的点是什么呢？哪里不习惯？是不想写作业，还是上课想说话呢？"

苗苗不好意思地笑了笑，说："妈妈，我只是不习惯这样学习，做什么事都要被管着。"

佳姐说："你已经是一名小学生了，是大孩子了。我知道要适应小学的全新生活可能会很难，但是妈妈相信你可以按照老师的要求做到，也会一点点适应。这才刚刚开始，如果以后你遇到了不愉快或不习惯的事情，也可以跟妈妈沟通。"

苗苗点点头，说："好的，妈妈。如果遇到难题，我会和您说的。"

小学一年级的孩子还需要家长的细心呵护，家长要时常关注他们在学校的表现和状态，像我的同事佳姐一样和孩子定期沟通，给孩子机会倾诉。那么，在鼓励孩子多倾诉时需要注意什么呢？

1. 要给他们营造倾诉的氛围

对待孩子要有耐心，沟通要讲究方法。要在尊重孩子的基础上鼓励他们倾诉，毕竟内心深处声音的发出需要有一个"安全"的环境。和孩子好好交流并不是一件容易的事，不能一蹴而就，需要循序渐进，慢慢来，和他们成为朋友，彼此尊重，这样孩子才会敞开心扉，和家长无话不谈。

2. 细心观察，定期沟通，让孩子看到家长的诚意

任何一次亲子沟通都应该是发自内心的，而不是任务使然，要让孩子感觉到我们是真心想要倾听他们的声音，想要了解他们在学校的情况。当孩子主动说出自己的看法时，家长不要否定和

打击，也不要嘲笑和忽视，而应换位思考，设身处地站在孩子的角度看待问题，并且在孩子愿意的前提下给他们提出建议，分享经验。

3. 增设"每周家庭沟通日"，让孩子享有平等说话的权利

家长与孩子交流时，要和孩子站在同等的位置上，彼此互相尊重和学习。家长不能将家庭当成"一言堂"，要给孩子说话的机会。每周或者每个月可以进行一次家庭讨论，家长分享工作时遇到的瓶颈，孩子说出自己在学校遇到的难题。

在鼓励孩子表达的同时，家长也要让孩子知道，不习惯小学的学习和生活是一件很正常的事情，无论是迷茫还是困惑都不丢脸。要告诉他们："进入小学之后，会遇到各种各样的难题，但最后都会有解决办法。别怕，也别担心。学习和生活就是这样，你会在其中一边在迷茫中摸索，一边在痛苦中成长，然后一点点变得坚强和勇敢。"

关注孩子的情绪变化

孩子进入新的环境后，家长要格外关注孩子的情绪变化，尤其当负面情绪，比如悲伤、失落、嫉妒、愤怒、恐惧等出现时，我们要及时干预，引导他们从负面情绪中走出来。

情绪管理是一门长期的课程。负面情绪不会消失，会在学习和生活中反复出现。我们要告诉孩子，不好的情绪出现了不要紧，重要的是学会梳理心情，平复情绪的波动，从而找到解决问题的办法。

因为小学一年级的孩子会面对全新的学习和生活环境，不仅要学习，还要进行人际交往，学习和老师、同学相处，所以在这个适应的过程中一定会出现情绪波动。比如，愤怒时和同学打架，看到讨老师喜欢的同学会嫉妒，不习惯被管束时会哭泣，等等。这个时候，家长就要告诉他们应该如何改变，如何积极面对负面情绪，而不是任由坏情绪蔓延。

下面给各位家长介绍几种行之有效的方法来教孩子应对那些负面情绪，让孩子用科学的方法将坏情绪"吃掉"。

1. 移情法

移情法又称注意力转移法。当坏情绪占据主导位置时，孩子的情绪波动过大，此时的他是没有正确思考和行动能力的。这个时候，家长要告诉孩子将注意力转移到其他地方，暂时不去思考让自己陷入负面情绪的事件，等心情平复下来后再说话和做事。可以让孩子想一些开心的事，也可以去看书、做游戏。总之，要分散他们对负面情绪的注意力。

2. 深呼吸法

当孩子感到紧张、害怕、恐惧、悲伤时，家长可以让孩子通过深呼吸法来平复心情。具体做法为：深吸一口气，停顿3秒，再长长地呼出一口气，反复进行3~5次。

3. 户外运动法

让孩子进行户外运动，比如慢跑、打球等。这样既能锻炼孩子的身体，又能锻炼孩子的意志力。另外，美好的大自然会让孩子感到身心愉快，孩子在进行户外运动时，烦恼也会逐渐消散。

4. 思维训练法

管理负面情绪的思维也需要训练，要让孩子在与负面情绪相处中锻炼思维模式，形成良性循环，即感知到坏情绪—平复心情—具体问题具体分析—找到解决问题的办法。

任何理论知识都需要通过亲身实践来检验。正如陆游在诗中所说："纸上得来终觉浅，绝知此事要躬行。"现在，我们就来看一看下面这位家长是如何引导孩子管理负面情绪的吧！

佳怡在上小学一年级后不适应学校的生活，每天上学都特别痛苦。早上赖床，吃饭磨蹭，进入校园前大哭一场；晚上放学回到家后总哭，不想写作业，甚至认为家长在强迫她上学，且拒绝沟通。

面对佳怡的情况，她的妈妈没有对她发火，也没有采取强硬手段压制她。她是这样做的：

第一步，先调整好自己的心情。在女儿不断的哭泣中平复情绪，等一切稳定后再思考如何解决问题。

第二步，了解女儿的校园生活，通过咨询老师，和其他同学交流，知道了佳怡不想上学的原因：上课跟不上老师的讲课节奏，记不住老师所讲的内容，被老师提问时答不上来觉得丢脸，认为同学们都笑话她，不想和他们玩儿。

第三步，想办法让女儿从悲观的情绪中走出来，让她不再想着哭。找一个周末带她去游乐场或者她一直想去的地方，让她变得开心，将她的注意力从上学的种种痛苦中转移到令她开心的地方。

第四步，等到女儿的心情完全平复下来后，找机会和她沟通。她带女儿去了一家她喜欢的冰淇淋店，一边吃一边聊，让她说出不想上学的原因，然后和她一起分析怎么改变。比如，上课应该怎么听讲，怎样才能集中注意力，课后要积极完成老师的作业。再引导她交友，先从同桌开始，让她知道同学们没有嘲笑她。

最后一步，观察女儿第二天上学的状态，留意她情绪的变化，并及时和老师沟通，跟进一段时间。在这期间，鼓励女儿说出心情有没有变好，还有没有不习惯的地方。

每一个孩子在小学一年级所遇到的情绪问题都各不相同，但解决方法是大同小异的。家长要根据孩子的实际情况找到处理坏情绪的方法，和孩子一起找到最适合他们的情绪管理方式。

让孩子和好朋友一起参加课外活动

我们在不同的人生阶段都需要认识不同的朋友，收获友谊，一年级的孩子也是如此。小学一年级是孩子接触新世界的开始，他们要与同班同学并肩作战，共同开启学习的新篇章。

在孩子初入小学的这个时期，家长不要过度掌控和占用孩子的课余时间，也无须让孩子将所有时间都用在学习上。可以将时间交给孩子，引导和鼓励他们进行人际交往，搞好和同学的关系，能够和好朋友一起参加课外活动。比如：鼓励孩子在下课时和同学一起玩儿，参加集体活动；告诉他们同学之间可以互相帮助，良好的友谊可以在互助中逐渐建立；让他们和同学一起读书、做练习、做游戏、运动等。

孩子的世界应该是充满快乐的。学习固然很重要，但守护孩子的快乐和幸福更重要。

刘莉在儿子小涛上小学后就非常紧张,她认为小学阶段的每一天都要用心规划。她给孩子的周末安排得很满,几乎不给孩子自由支配的时间,想让他尽快适应小学的学习节奏,她认为这样才能以稳定扎实的基础升入初中,为中考做足准备。

小涛还尚未从幼儿园的学习状态中走出来,就一头扎进妈妈给他制订的一系列规划中。他感觉很不适应,于是开始反抗,说他不想在家学习,想和好朋友一起去游乐园。在被刘莉拒绝后,他干脆不听讲,上演一出"身在曹营心在汉"的戏码,一个小时也学不会一个字,而且每一个字都写得歪歪扭扭。

刘莉很生气,母子二人吵了一架,互相不理睬。到了晚上,小涛的爸爸回来了,他知道两人的事情后,对刘莉说:"孩子刚上小学,一切都不习惯,咱们若逼紧了,孩子就容易出现厌学心理,那就难办了。"

刘莉拿着小涛的作业本,看着他如此敷衍的字迹,暗自反思了自己的行为。她决定将学习的弦松一松,给他一个适应的阶段,让他写完家庭作业后可以自由支配剩余的时间。

于是,小涛约了同学一起过周末,他们一起看绘本,一起去户外踢球、吃饭,过得很开心。第二天上学,小涛也有了劲头,因为到了学校他也可以和好朋友一起学习,所以也就不再排斥早起上学了。

各位家长遇到的问题可能比上文案例中提到的更甚，且不知道如何去做。但任何良好关系的维系都需要沟通交流，孩子的问题也是一样的。在新环境中，要鼓励他们正确交友，和朋友一起面对未知，一起探索和学习，一起参加课外活动，放松心情。那么，在孩子交友的过程中，家长需要注意什么呢？

1. 告诉孩子简单的交友原则

家长要告诉孩子：良好的友谊是互相督促、一起进步的；要坚持自己的原则，保留自己的主见；尊重对方也要尊重自己。

2. 尊重孩子的交友方式

家长不要随意给孩子的朋友贴标签，比如"贪玩儿""不爱学习""就知道闯祸"等。要让孩子有自己的判断。

3. 鼓励孩子和朋友参加课外活动

参加课外活动的前提是要保证孩子的安全，家长要给他们普及基本的安全知识，让孩子学会自我保护，不做危险的事情。

4. 帮孩子结识朋友

如果孩子性格内向或不喜欢主动交朋友，家长可以根据孩子的性格特点帮助和引导他们交友，认识新朋友。比如，邻居中有跟孩子同一学校的同年级同学，家长可以让孩子约其一起上学；家长也可以带孩子参加他同班同学的聚会，给孩子创造和同学相处的机会。

5. 新朋友需要认识，老朋友也需要维系

创造机会让孩子和幼儿园的好朋友一起参加活动，让他们互相分享上小学后的见闻和心情，增进友谊。

其实，在孩子进入小学后，我们家长就需要做好心理准备。因为养育孩子的难度会逐年加大，尽管我们的理论知识扎实，但实践起来总会遇到诸多难题。小学一年级还只是开始，后面会有更难的副本等待我们去通关。所以，我们还是要加强修炼，和孩子一起度过这段漫长且艰难的学习时光。

尽快适应小学的作息时间

与幼儿园相比,小学的作息时间更加紧凑。为了让孩子能够更快、更好地融入和适应小学生活,家长可以和孩子一起制定一个上学的作息时间表,做好规划。当然,这个时间表应该是随时更新的,按照不同的年级,因时制宜。

小学一年级的孩子大多对作息时间没有概念,这个时候家长可以试着在教育中引入时间管理的概念,从和孩子一起规划时间到以孩子为主导来安排时间,慢慢引导孩子逐渐形成自主规划学习和生活时间的思维。

一年级需要学习的知识还比较少,属于入门级别,让孩子保持新鲜感,对学习感兴趣是很重要的。因此,小学一年级的学习时间和休息时间的比例要根据自己孩子的实际情况进行调整。下面我们一起来看看,我的邻居思雨是如何让自己的孩子适应小学的作息时间的吧!

思雨很注重对女儿学习的规划,但她也很尊重孩子的看法。她认为在制订任何跟孩子有关的计划时都需要尊重孩子的看法,应该鼓励孩子说出自己的意见。她做决定前会和女儿进行协商,经过探讨后再敲定。因此,她与女儿的关系一直很好。

女儿上小学一年级后,思雨对她说:"小学的作息时间跟幼儿园不一样,我们要一起想一想应该怎么适应,要不要像规划周末的作息表一样,也制订一个小学的作息时间表呢?"

在得到孩子的肯定答复后,思雨和孩子一起画作息时间表。她先让女儿说出表格应该包含的内容,然后再做补充,最后敲定为三行:时间、应做事项和时长。她们将全天分为三大块,分别为上学前、上学中和放学后。表格画完后,她们再根据小学的上课时间来规划细节。

小学作息时间表制订完后,思雨和女儿约定先按照时间表执行,且每周进行总结。如果有不适应的或者不科学的规划,再及时协商,进行调整。

现在,思雨的女儿已经习惯了小学的作息时间,尤其是放学后的时间,她都能主动按照表格内容完成,且效果良好。

当然,这个沟通过程是否顺畅还要看家长与孩子之间的关系是否融洽。思雨一直很细心地维系和女儿的亲子关系,平常也注重沟通，尊重孩子的想法，所以她们在沟通小学作息时间的问题时会比较顺利，孩子也没有反感。

让孩子尽快适应小学的作息时间也是在为将来对学习时间进行管理奠定基础。一年级的孩子对时间管理的概念还比较模糊，每一次赖床、迟到、写作业拖延、做事磨蹭，都是不珍惜时间的表现。我们要让孩子从小学着规划自己的时间，从适应小学的作息时间开始，慢慢地融入时间管理的概念。当然，在这个适应的阶段，家长也需要注意以下几点。

1. 让孩子慢慢来

每个孩子的接受能力和理解能力都不同，有快也有慢。从适应幼儿园的作息时间转变成适应小学的作息时间是需要过程的，家长要慢慢来，和孩子一起慢慢适应。

2. 当孩子适应不好时，家长要调节自己的情绪

家长不要将自己焦虑和担心的情绪传递给孩子，要给他们鼓励，相信他们在慢慢改变。

3. 家长要起到榜样的作用

家长要进入小学生家长的状态，做到和孩子一起早起，及时送孩子上学。

4. 家长要和孩子定期复盘

家长要让孩子说出这段时间的感受，比如，适不适应小学的作息习惯，课后的时间安排是否需要调整，等等。

现在，试着和孩子一起制订作息时间表吧！擅长绘画的家长还可以将图标设计成蜗牛壳的形状，按照纹理设计出一个旋转的螺旋图，每完成一步可以做一个标记，当走到中心位置时就代表完成一天的作息安排了。总而言之，要让孩子对这张作息表充满兴趣，这样更有利于他们完成作息安排。

给孩子一些时间适应新环境

不知从何时起,"快"变成了我们的口头禅。教养孩子时,我们总希望他们按照我们的要求去做事。只要他们没有达到我们的预期,我们便会情绪失控,用"快+动词"去催促他们,想让他们快一点儿,再快一点儿。

对于孩子来说,小学是一个全新的阶段。我们希望孩子快点儿适应新的环境,然后茁壮成长。可并不是所有的孩子都能快速地适应,他们会迷茫,会不习惯,甚至会不知所措,从而难以适应。这个时候,我们会着急,会焦虑,会催促他们快一点儿,希望他们像其他同学一样尽快地进入小学生的学习节奏里。

但是,每个孩子的适应能力不同,生活和学习的节奏也不一样,一味地求快,有可能会伤害到那部分"慢"的孩子。

我们也是第一次当父母,跟孩子一样是新手上路。他们要尽快适应小学生的节奏,在全新的环境里学习,而我们则要尽快调整状态,转变思维,去帮助这些"慢节奏"的孩子。

小安的女儿轩轩是一个内向的小女孩,到了新环境后需要很长时间来适应。在小学一年级上学期结束后,她还是没有适应学校生活,不参加集体活动,在班级里也不爱和同学交流。在寒假期间,小安带她去商场玩儿,她见到同学也没有反应,同学主动跟她打招呼,她还迟迟不说话。

面对这种情况,小安没有当众批评她没有礼貌。回到家后,在吃饭时,小安问她为什么没有和同学说话,轩轩回答:"我一下子忘记她叫什么名字了,如果让她知道我不记得她的名字了会显得我很没有礼貌。"

小安又问:"那班级里每一个同学的名字你都记得吗?"

轩轩点点头,说:"记得,不过我记得很慢,总是忘。"

小安给她建议说:"你可以试着和他们一起玩儿,多喊几次他们的名字可能记得更快。"

见女儿点头,小安继续问:"你还适应小学的生活吗?"

女儿说:"还好,我还在适应当中,不过我很喜欢语文老师和数学老师,因为他们上课会夸我。"

小安摸了摸她的头,说:"别着急,慢慢来,小学是全新的阶段,妈妈相信你很快就会适应的。既然喜欢这两位老师,那你上课要更认真哦,多和老师互动。"

如果孩子是和轩轩一样属于"慢节奏"里的一员，那么我们应该如何对待呢？具体可以从以下几点着手。

1. 别着急下结论，贴标签

要了解孩子内心深处的想法，找出孩子磨蹭、拖延、难以适应新环境的原因，有针对性地解决孩子的问题。

2. 接受孩子的慢节奏，不要强行将孩子从"慢"转向"快"

有些孩子就是慢热型的，行动和思考都处在自己的节奏中。如果家长破坏他们的节奏，不仅达不到预期效果，反而会使孩子陷入被打压的负面情绪中。

所以，家长要接受孩子交友慢、融入集体慢、适应新环境慢、思考慢等现状。不否定、不打击、不强制改变他们，顺其自然，鼓励他们，增加他们的自信心。

我们赋予孩子生命，却无法掌控他们的人生。这条漫长且艰难的学习之路，他们终究要依靠自己去走。我们要给他们时间去探索属于自己的路。

我相信一年级的孩子听到这样的话一定会很开心，那就是："别急，慢慢来，爸爸和妈妈永远和你站在一起。"

第二章
培养孩子的学习兴趣

小学阶段的孩子被心理学家称为"逐渐凝固的水泥",其各种行为习惯都在逐渐形成,二年级是关键时期。家长要注意孩子自信心的塑造,关注他们的负面情绪,纠正其不良行为,从兴趣和爱好入手,让孩子爱上学习,为其自主学习奠定基础。

给孩子积极的心理暗示

家长在孩子的学习生涯中能够给予的帮助是有限的,我们要授人以渔,让孩子逐步实现自主学习,这才是引导和教育孩子的关键。小学二年级的家教侧重点就在于想办法让孩子对学习感兴趣,帮助他们守护自己学习的"学心"。

那么,"学心"是指什么呢？如果把学习比作在汪洋大海中独行,狂风暴雨是必然要经历的挑战,那么"学心"就是推动船舶前进的风帆。对孩子来说,拥有一颗热爱学习的心极为重要。家长要守护孩子的"学心",不要在孩子初进学堂时就给其施加过多的压力,让其苦读。养好"学心",孩子以后的学习之路就有了驱动力。

守护孩子的"学心",关键在于让孩子对学习产生自信心。家长要通过鼓励和支持让孩子树立自信心,要借用暗示的力量告诉孩子做得很好。孩子的自信心增强后,会更加热爱学习,以获得更多的鼓励,然后形成良性循环。

其实,任何一个孩子在听到家长的鼓励和赞许后都会感到快乐,做起事来也会更有动力。有些家长喜欢用打压和比较的方式来激励孩子,想让他们知道自己的不足。而事实上,长时间的打压会让孩子形成讨好型人格,使孩子很在意别人的看法,从而变得自卑,缺乏自信。

晓静对女儿莎莎的教育很严格,在与女儿相处时非常吝啬赞扬的语句。她不仅不肯定女儿的成绩,还经常将女儿和别人家优秀的孩子做比较,想要以此锻炼女儿的意志力。

一天,莎莎弹了一首曲子。在演奏完后,晓静很感动,她抱了一下莎莎,对她说:"宝贝儿,你弹得很好听,妈妈为你感到骄傲。"

莎莎说:"妈妈,我也很开心,我刚才还有点儿害怕您说我。"

晓静问:"嗯?妈妈为什么要说你啊?"

莎莎说:"以前我弹琴时,您总说我不勤奋,没有表姐弹得好,说我还不如去背几首诗。妈妈,我喜欢您夸我,就像刚才那样,我非常开心,感觉自己的努力有了回报。"

听到女儿如此回答,晓静开始反思自己对孩子的要求是否太过严格,她没想到很寻常的一句赞美竟能让孩子如此在意。她想：看来我需要改变一下教育方式，多给孩子一些鼓励和赞扬。她说："宝贝儿，你本来就很优秀，妈妈相信以后还会听到你弹奏得更加动人的曲子。"

莎莎笑着说："当然了，妈妈，我会更加努力练习的。"

经过此事后，晓静改变了教育方式，不再忽略孩子的进步，也不吝啬鼓励的话。她的具体改进方法如下。

（1）当莎莎取得进步时，晓静会给予其恰到好处的表扬，给她积极的心理暗示，表示对她努力的肯定。

具体奖励措施分为精神层面和物质层面。比如，当莎莎考试成绩有进步或参加比赛获了奖时，晓静会发自内心地夸奖她，当作精神奖励；晓静还会带她去海洋馆或户外游玩，当作物质奖励，激励她积极向上。

（2）当莎莎失败时，晓静会给予其鼓励。比如，在莎莎考试没答完题，学习新的曲子毫无进步，做题马虎被老师批评等情形下，晓静会顾及孩子的情绪，告诉她不要紧，要勇敢地面对，想办法解决问题，鼓励她要相信自己的能力。

（3）夸赞要坚持适度原则，不让孩子觉得一切都来得太容易。

家长在夸孩子时要发自内心，不要敷衍。在行为上，也不要让孩子感觉我们的爱是有条件的。

积极的心理暗示对孩子的影响是深远的。我们应该尽量早一些帮助孩子提高对学习的自信心，让他们在小学1—2年级就喜欢上学习。

当然，处于这个阶段的我们也要适当地调节自己的心理。作为家长，我们需要学习的东西也有很多。也许你我皆会像案例中的晓静那般使用不适合孩子发展的教育方法，但没关系，家庭教育就是在不断地摸索和反省中找到最适合自己孩子的成长方法的。此种方法不适合，就换一种思维，多尝试，常反思，做改进，我们也可以不断进步。

兴趣是孩子学习的动力

兴趣是孩子最好的老师。如果孩子能将兴趣与学习相结合,那他们会受益终身。

孩子对新鲜事物的探索和执着从小就开始了。在进入小学后,这种探索精神仍在加深,他们遇到自己感兴趣的事物时,会主动投入时间和精力。古希腊哲学家亚里士多德认为:"古往今来,人们开始探索,都起源于对自然万物的惊异。"无可厚非,激起孩子探索欲的是好奇。试想一下,如果孩子对所学知识感到好奇,那么会发生什么呢?

下面我们来看一下对海洋知识痴迷的萱萱是如何发挥探索精神的,而她的妈妈又是怎么将孩子的兴趣引导到学习上去的。

萱萱最近和同学参加了珊瑚馆的"小小科普员"活动。他们会利用周末的时间去珊瑚馆对不同的珊瑚和鱼类进行讲解。每当有游客经过时，他们就要向游客介绍珊瑚或鱼类的品种，以及它们生活在哪里、有什么特征等。在活动开始前，萱萱做了万全的准备，要以最佳状态完成这次任务。

萱萱将科普内容写在笔记本上，标记好单词的意思及它们组合在一起的意思，熟读成诵，最后对着镜子练习脱稿演讲。不仅如此，在完成自己的那部分内容后，她还预习了旁边同学需要科普的内容。功夫不负有心人，在活动当天，萱萱的表现非常优秀，英语口语流利，发音标准，且声音洪亮，面带微笑，经过的游客都对她的表现很满意，赞美之词溢于言表。

游客的赞许和领队老师的表扬更加激励了萱萱，她开始更加卖力地学习海洋知识。看着萱萱对课外知识的热衷，妈妈很支持，不仅没有认为这会耽误学习，还给女儿买了相关的绘本和英文词典，并教她词典的使用方法，希望她在遇到生词时会自己查词典。

妈妈的支持给了萱萱继续探索海洋知识的勇气。她对萱萱说："如果想要继续深入学习海洋知识，课本知识也需要学好，还要兼顾每一个学科。珊瑚馆的知识科普只是入门级别的，如果想要更深入地探索，你就需要学习更多的知识，读小学、初中、高中、大学，甚至读研究生，需要大量的知识积累。"

萱萱听了妈妈的话并没有退缩，而是说："是的，妈妈，我已经是大孩子了，我会好好学习的。上周语文老师还表扬我朗读课文很不错，让我在全班同学面前领读呢！"

妈妈点点头:"你做得很不错,要继续努力哦。"

没有兴趣的力量加持,孩子学习的驱动力就会不足。因此,家长在面对孩子的兴趣爱好时要注意以下几点。

1. 顺应孩子的天性,尊重他们的兴趣选择

任何一种兴趣爱好都应是孩子自主选择的,家长有推荐权,但不要剥夺孩子的选择权。

2. 告诉孩子坚持下去

当孩子有了自己的兴趣爱好时,家长要鼓励他们坚持下去,告诉他们,努力或许很苦,但坚持下去一定很酷。

3. 允许孩子重新做选择

如果孩子不喜欢某种兴趣爱好了,家长就不要强迫他们坚持了。这其中的度需要家长自己衡量,要综合考虑再做决定。

4. 尊重孩子兴趣的同时也坚持自己的梦想

我们要努力成为孩子崇拜的人,和孩子一起成长和进步。在养育孩子的同时不忘初心,坚持自己的梦想,要知道父母的榜样作用对孩子来说是非常重要的。

培养孩子的写话能力

孩子进入二年级后，家长可以和孩子一起简单地梳理一下课本内容，粗略浏览后再做学习规划。

语文可以说是各科学习的基础，要让孩子在识字的基础上加强对课文的理解和运用。这个时期相当于是读与写的启蒙期，要让孩子打好基础，注意词句在口语交际和写话方面的应用。

在语文考试中，阅读理解和作文的比重会随着年级的升高而不断增加，考试分数的占比也逐渐加大。因此，在低年级的语文学习中，家长就要有意识地给孩子加大相关的练习，除了书本上的习题，我们也可以在日常生活中培养孩子的写话能力。具体可以从以下五个方面进行。

1. 在阅读中识字

陪孩子看课外书时要注意给孩子讲解其中的生字和生词，用简单的语句解释。在阅读的过程中识字，孩子的记忆会更深刻，同时也让其练习了字、词的应用。

2. 背诵古诗时不要死记硬背

背诵古诗时，首先要让孩子充分理解古诗的意思。包括作者生活的年代背景，他是在怎样的心情下写下这首诗的，这首诗主要描述了什么事情，是写景还是记事，它最终要表达的是什么，等等。这可以锻炼孩子提炼中心思想的能力。孩子在充分理解这首诗后再去背诵，就会更容易，也为以后高年级时分析诗词打下良好的基础。

3. 锻炼孩子复述课文和讲故事的能力

二年级语文课本的课后习题中有分角色朗读课文和讲故事的练习，家长可以让孩子在放学后讲一下当天学的课文。如果是寓言或成语故事，则可以试着让孩子用自己的语言再讲一遍。这样做不仅可以增强孩子的记忆，锻炼孩子的口语表达能力，还能让他们学会用自己的语言讲故事。

4. 加强孩子的口语交际训练

口语交际训练应不仅限于课本，家长也可以在日常生活中加强这一方面的练习。比如，看到天空中的云，让孩子观察云朵的形状，看它们像什么，可以让孩子想象一下这些云朵背后有什么故事。家长可以先说出自己的想法，抛砖引玉地引导孩子去说，这样还可以锻炼孩子的想象力。此外，每晚睡前也可以和孩子交流，以问答的形式鼓励孩子说出自己的看法。比如："可以跟妈妈分享一下你最开心或最难过的事情吗？""可以告诉妈妈你的梦想是什么吗？""你最喜欢的动画片是什么呀？""为什么喜欢这一部呢？"

5. 写话练习的基础要打好

无论是看图写话还是描述一个场景，或者是写便签、留言等，都要在鼓励孩子发散思维的基础上，约束孩子"跑题"的想象力，进而将孩子的思路引到正题上。

各位家长都知道写作的重要性，一旦写跑题，作文的分数就会很低。孩子的想象力是不受限制的，所以家长要引导孩子将想象力发挥在正题上。平时要加强孩子的看图写话训练，经常鼓励孩子将看到的东西写出来。

让孩子试着自己制订学习计划

家长在对孩子的小学学习生活进行规划的同时，也要引导孩子学会自己制订学习计划。"凡事预则立，不预则废"，制订学习计划可以让孩子从被动学习转变为主动学习，让他们对自己的学习有一个系统的规划。

然而，很多家长认为，孩子还小，时间有限，这种细微的小事完全没有必要浪费他们的时间，学习计划完全可以由家长来做。可是如果家长不放手，不让孩子去尝试，那孩子就无法成长。

小妍在女儿上小学后就给她制订了各科的学习计划。如每天需要做什么，要达到什么标准，都一一列在了计划表上，并且将每日计划贴在墙上，完成一项就在后面做好标记。孩子就像陀螺一样日复一日地完成妈妈给她制订的计划，没有一日耽搁。小妍本以为孩子会积极学习,但事实却相反,孩子开始出现厌学心理,不愿意去上学,课堂表现也不好。

这一天,小妍去学校给女儿送资料,正好有机会和老师交流,沟通之后小妍才知道,原来孩子这段时间的学习状态不太好,尤其是下午上课时总打瞌睡,老师讲的内容基本跟不上,课后习题也不会做。今天她更是崩溃大哭,老师细问之后才知道她觉得学习很累,怎么也学不会,不想回家面对妈妈安排的学习内容。讲到此处,老师说:"我听说你给她安排的学习计划要到晚上十点,这可不行啊,现在还不能给孩子太大的压力。而且计划排得太满,孩子休息时间不够,上课就会没精神。长此以往,难免不会产生逆反心理,那时再挽救可就来不及了。"

小妍听了老师的话后羞愧不已,女儿之前对她提过上课总是想睡觉,最近学习太累了,她却以为是孩子偷懒不想学习,于是严厉地批评了她,还命令她必须完成每天的学习计划。但事实证明,她的做法是不科学的。于是,她向老师问道:"老师,那您有什么建议呢?"

老师说:"制订学习计划本身没有问题,但是要有一个尺度。二年级可以让孩子接触一下计划,让他们知道按照计划学习有什么好处,而不是一味地督促孩子去完成计划。计划的内容可以随着年级的升高不断改变。另外,你也可以让孩子自己做计划,计划做得不好也不要紧,重要的是让她对制订计划不抵触,让她能够根据自己的实际情况慢慢改进。"

小妍点点头说:"老师,您说得很有道理,我回去试试,谢谢您了。"

小妍将女儿带回家后,将墙上的计划表拿了下来,并对女儿说:"关于学习计划这件事,妈妈做得不够好,给你带来了很大的压力,妈妈跟你道歉。另外,知识学不会没有关系,别自责,别害怕回家,咱们可以一起想办法解决。咱们先去吃饭,吃完后去公园散散心,其他事情明天再说,好吗?"女儿开心地点点头。

在女儿的情绪趋于稳定,上课状态也好一些后,小妍开始引导孩子自己制订学习计划。小妍鼓励女儿常和同学交流,和老师沟通,如果学习到的经验可以利用,那么就将其融入自己的学习计划里。错的地方改正,好的方面发扬,勤沟通,常总结,制订出最适合自己的学习计划表。

那么,家长该如何引导孩子制订学习计划呢?

1. 让孩子知道制订计划的好处

家长可以以自己在工作中制订计划,工作效率翻倍为例,告诉孩子按照计划来学习,学习效率也会翻倍。家长还可以和孩子一起制订周末居家计划,按照计划表上的内容去做,会让周末更充实,不会让时光在浪费中飞快流逝。

2. 鼓励孩子自己制订周末的学习计划

二年级孩子独立制订的学习计划必定是不完善的,甚至是有问题的。但不要紧,要让孩子按照自己的思路放手去做。

3. 引导孩子想办法完善自己的学习计划

二年级孩子的学习计划不用太过复杂,因为这个时期让孩子接触做计划也是为高年级的系统学习和复习打下基础。孩子做完计划后,家长要想办法引导孩子完善计划,发散思维,让他们学会思考和总结。

尊重孩子的同时正确引导他们的行为

随着自我意识的逐渐觉醒,孩子对学习和生活的认知会呈现出排他性,即做事会按照自己的想法和方式进行,希望有自主选择的权利,并且也强烈要求父母尊重自己。

对此,家长需要辩证看待。一方面,这是有利于孩子成长的,可以为其以后自主学习和独立做事打下基础;另一方面,家长仍需谨慎对待,注意沟通,及时指出和纠正孩子的错误行为,让孩子朝着正确的方向发展。

那么孩子的哪些行为需要家长加以注意呢?比如毫无节制地玩手机游戏、盲目追星、过分在意自己的穿戴、爱美等。当孩子出现类似的情况时,我们就需要想办法干预他们的行为了。

当然,这里的干预不是强制打压,也不建议用打骂和羞辱的方式来警醒孩子,而是要以温和的方式对待孩子,晓之以理,动之以情,让他们从心底知晓应该如何选择。下面,我们来看一下我的邻居是如何纠正孩子的错误行为的吧!

邻居阿姨最近在小区里宣传其儿子教育孩子的"壮举",众人纷纷侧目,细听之下,原来是这个小学二年级的孩子竟然用父母的手机给某主播打赏了一笔钱。虽然金额不多,但深思之下,孩子的父母一致认为要加以重视,对孩子的教育绝不能"高高举起,轻轻落下"。

孩子的父亲,也就是阿姨的儿子王某,平时很少管孩子,每天下班回到家,吃过晚饭后便躺在沙发上刷手机,直到睡觉。他下定决心开始管教儿子后,意识到这孩子存在的问题还真不少,比如:上课不认真,偷看课外书;玩游戏上瘾,经常偷偷和朋友打游戏;盲目追星,偷偷给主播打钱;爱美,喜欢穿贵的衣服……

王某意识到对儿子的管教已经刻不容缓,需立即提上日程。他分为以下几步来进行。

第一步,贯彻和落实"将欲治人,必先治己"的方法。在管教儿子前,他先纠正自己的坏习惯。回家后戒掉手机,参与到家庭劳动中,增加陪伴家人的时间,找机会和儿子交流,了解他内心的想法。

第二步,和儿子一起戒掉不好的行为,并且和儿子定下"君子协议",互相监督。陪儿子写作业时,他也拿出书本学习,准备考PMP（项目管理专业人士资格认证）。

第三步，学习之余安排积极且健康的放松活动，不再躺着看手机、玩游戏，而是到户外，看风景也好，做运动也罢，总之，和儿子一起，增加彼此的沟通机会。

第四步，给儿子分享向上的人生观。比如，告诉儿子人与人之间的良好关系是可以使人进步的，朋友之间也是如此。如果和朋友在一起时只玩手机游戏，最后两个人一起学习不好，这样的关系就是不好的。他还告诉儿子可以追星，有偶像，但要理性，要学习偶像的优点。

最后，和儿子一起长期坚持，定期反省。要做到这一点其实是很难的，但他一想到孩子的未来，就觉得眼前的一切艰难都不足挂齿了。

如果你的孩子也有不好的行为习惯，那一定要及时干预，不可因工作忙而忽略孩子的成长。我们要在孩子行为的"水泥"尚未凝固前做好干预，细心引导，不给孩子和自己留下遗憾。

正确引导孩子的行为要从低年级做起，从小给孩子传递正能量，让孩子对美、生活和梦想有初步的认识。提前做好准备，和孩子一起迎接接下来的每一个人生节点，哪怕叛逆期和青春期碰撞，我们也可以和孩子融洽度过。

第三章
学习习惯和自主学习能力的培养

　　小学三年级可以说是小学阶段的分水岭，孩子的适应能力和心智都在逐步趋于稳定。这个时期的学习规划要做好，因为它承接着孩子高年级的拔高训练，并且在这个时期孩子的成绩也逐渐开始分化。家长要注意孩子学习习惯和自主学习能力的培养。

和孩子一起进行课前预习

小学的三、四年级属于承上启下的阶段。在这个时期,孩子们的成绩开始出现两极分化,主要科目"双百"的分数将很难达到。三年级要注意系统地培养孩子的学习习惯,先从关键点开始,再慢慢细化。

我曾经采访过100多个高考成绩超过600分的同学,让他们说说高效学习的经验。从他们的回答中,我总结出了"十二字箴言",即"课前预习,课上听讲,课后复习"。只要做好这十二个字代表的内容,那就可以成为优等生。我们不妨仔细推敲这十二个字,做到这三点,看似简单,但想要做好,需得孩子付出诸多努力。

想要孩子提高学习成绩,课前、课上和课后的努力势必要相辅相成。下面我们先来讲一下课前预习。

这里所说的课前预习是指自主预习,而不是提前学习。很多家长怕孩子难以吸收和消化诸多新知识,喜欢让孩子提前学习新学期的课程。比如在二年级暑假提前学习三年级上半年的课程。让孩子早一点儿接触新课程,这无可厚非。对于小部分学生而言,提前学习很有效果,其中不乏跳级的学霸,这样可以节省时间。但对于绝大多数小学生来说,提前学习课本会有以下坏处。

(1)由于提前学过,等上课时,孩子会觉得自己都会了,就不认真听讲了。

(2)被动听课,孩子思考的机会少,记忆不深刻。

如果家长把课前预习这件事完全交给孩子,会发生什么呢?我们不妨在实践中好好观察一下,注意分析和总结孩子的变化。小学的学习时间相对充足,好习惯可以慢慢养成,课前预习这件事也是如此。我们可以先鼓励孩子自己预习,虽然孩子在预习的过程中必然会出现问题,但不要紧,我们就是要让孩子在磕磕绊绊中慢慢成长,让孩子感觉到自己在进步。

我举一个例子让大家看得更清楚一些。

小茹教育孩子很有耐心,很多事情她都让女儿自己去尝试,并独立思考,找到解决问题的办法。女儿进入小学三年级后,她发现女儿的好胜心挺强,上课喜欢举手发言。如果老师表扬她,她就会很开心。于是她问:"闺女,你想不想上课表现得更好呀?"

女儿点点头："当然啦！我同桌可用功了，老师表扬她的次数比我多，我要超过她！"

小茹说："那妈妈告诉你一个小窍门，晚上写完作业后抽出一点儿时间预习功课，提前做好准备，你会有意想不到的收获。"

女儿皱着眉头说："那我应该怎么预习呢？"

小茹摇摇头："妈妈也不知道，你可以试着自己预习一下，看看效果。另外，你也可以咨询一下同学，彼此交换一下预习方法。"

接着，女儿拿出语文书开始预习第二天要学习的内容。她回想起老师讲课时的情景，决定先读一遍课文。之后她不知道该干什么时，就又读了一遍，还重点写了几个新词。第二天放学回到家，她兴奋地跟小茹说："妈妈，老师今天夸我读课文流利，比我同桌都好，我好开心，预习好有效果呀！"

小茹说："你真棒！那你要继续努力预习啊！"

女儿说："我同桌跟我说预习时还可以先做一下课后题，然后将不会的标注出来，我也试试。"

小茹女儿的预习效果一天比一天好，学习劲头也比以前更强，课上和老师互动的机会也更多了。在这期间，她还和女儿一起总结了预习心得，女儿准备把这些心得分享给好朋友。

我们在引导孩子自主预习时也可以向小茹学习，先守拙，不直接将建议告诉孩子，而是让他们在实践中摸索出适合自己的预习方法。然后在恰当的时机跟他们分享经验，让他们查证是否对预习有效。

下面，我们总结一下有效的预习方法吧！

（1）预习时要思考，培养独立做事的能力。

（2）预习笔记必不可少，要利用好课本和笔记。可以在书本上标记出疑难点，上课时重点听老师讲。

（3）学会简单地归纳知识点，将课本内容串联起来，方便记忆。

（4）课后的案例和习题要多研究，分析其解题方法。

（5）注意把控预习时间。预习时间不宜过长，要劳逸结合，注意休息。

孩子的预习方式可以多种多样，形式不要紧，重要的是要有效果。我们可以将高效预习的方法分享给孩子，却不能强制他们一定得按照我们的要求做，教条主义和形式主义一定要杜绝。比如预习笔记是否有存在的必要，这不是由家长决定的，而是由孩子决定的。如果他们认为在课本上直接做标记，预习效果也很好，那就不要拘泥于预习笔记本身。

总而言之，孩子的学习应该由孩子自己做主，预习也是一样。现在，就让孩子试一试吧！让他们用自己的实践证明预习是否有效果吧！

抓住学习的"黄金时间"

什么是学习的"黄金时间"呢?

我们通常把课堂上的45分钟时间称为学习的"黄金时间"。任何一门学科的老师都有自己的授课技巧。如果孩子能够珍惜和利用课堂上的学习时间,跟上老师的教学节奏,那么他们的学习效率会更高。

实际上,老师教学与孩子学习是需要相互成全的。一方面,老师凭借自己的教学经验,通过趣味教学或其他让学生感兴趣的方式向学生传授知识;另一方面,孩子需要充分利用课堂的45分钟,配合老师,和老师互动,学习和吸收知识。二者需相辅相成,相互配合,才能达到双赢的目的,即老师教学有成果,学生听课有效果。

小安最近在检查女儿的作业时发现她在"编造"运算法则。

三年级考查四则运算法则,她只记住了同一级别的运算要从左往右,有乘除法和加减法,要先算乘除法,后算加减法,但是没有记住带括号的运算法则。她按照自己的想法从左往右算,先算了括号外的加减。比如这一道题:$6+3×(9-2)=$?正确的运算顺序是先算括号里的,即$9-2=7$,再算$3×7=21$,最后算$6+21=27$。而她是先算$6+3=9$,再用9乘括号里的结果7,最后得出结果是63。看到女儿的数学题错得如此离谱,她问:"苒苒,你这些题做的都不对,为什么你的解题思路跟课本上教的运算法则不一致呢?老师上课讲到这个知识点了吗?"

苒苒翻开书看了看,说:"妈妈,我上课的时候溜号了,我以为老师讲的内容以前讲过了,就没太在意,等我想听时,老师已经讲完了。不过请您放心,我自己学也可以,我现在马上看书。"

见女儿如此笃定,小安没再说什么,她点点头,让女儿自己去学。一个小时后,她再过来检查数学作业,检查完后说:"这次做对了,你弄明白这个类型的题应该怎么做了吗?"

苒苒点点头说:"弄懂了。"

小安看了一眼手表,说:"虽然你最后完成了今天的作业,但是比平时多用了一个多小时,而以前的这个时间你都在读课外书,准备休息了。你知道是为什么吗?"

苒苒想了想,说:"是因为我上课没有好好听课吗?"

小安点点头,说:"苒苒,你一直以来学习东西都很快,既聪明,理解能力又强,老师常常夸你。你是不是认为上课不听讲,也可以用课后的时间弥补一下呢?从今天的四则运算法则来看,你的确可以这样自信。但是老师课上45分钟讲的内容跟你自学的内容完全不一样,她会用独特的方式帮你理解,会让你记忆更深刻。课堂时间不珍惜,课后你需要花三倍的时间去弥补,这完全不划算呀,对吗?"

苒苒点点头,赞同妈妈的观点:"妈妈,您说得对。现在我可以自学,但以后学的东西多了、难了,我未必能学会,还是要仔细听老师讲。"

小安说:"嗯,我们要珍惜老师上课的时间,耳朵要听,眼睛要看,大脑要思考,还要动手记笔记,这些缺一不可啊!"

苒苒接着说:"妈妈,我一定按照您说的去做,认真听讲。"

随着自我意识的逐渐增强,有些孩子变得跟案例中的苒苒一样,上课不专心听讲、打瞌睡,甚至聊天、看课外书,并没有意识到上课有多么重要。对于这一部分孩子,家长一定要采取措施让他们懂得黄金时间的重要性。

既然课堂时间如此宝贵,那么我们应该怎么让孩子高效地利用黄金时间呢?具体而言,家长应让孩子做好以下几点。

（1）注意休息，保证睡眠，坚持健康的作息时间，早睡早起，以避免在课堂上打瞌睡。

（2）做好课前预习，提前准备，课上的听课效果会更好。

（3）课堂上紧跟老师的讲课步骤，积极和老师互动，主动举手回答问题。

（4）课堂笔记要记好。

另外，家长要告诉孩子：在课堂上，应以听课为主，以记课堂笔记为辅；不要因为记笔记而错过老师讲课的时间；如果记不全，可以下课再整理和修补；课堂笔记可根据自己的学习习惯做增减，笔记内容可以包括重点、难点、重要案例及拓展知识等；字迹要工整，方便翻阅。

课上一分钟胜过课后一小时。家长要引导孩子认真对待课堂上的时间，珍惜学习的黄金时间，进而达到高效学习，加深记忆的目的。现在，就让孩子们开始行动吧！

课后的复习必不可少

学习讲究"预则立,不预则废",也需要"学而时习之",通过复习和做题来查漏补缺,加深记忆。

我们可以把孩子学习知识的过程分为学习、巩固和吸收三个部分。课前预习和课上听讲是学习和接收知识。要想让孩子真正掌握所学知识,还需要通过课后复习来加以巩固记忆,最后才是"吸收"到位。

提起"记忆"这个词,我们就有必要引入一个概念——艾宾浩斯遗忘曲线。

德国心理学家艾宾浩斯经研究发现,人类大脑对新事物的遗忘是有规律的。他发现,人们在学习后就会立即开始遗忘,而且遗忘的进程并不是均匀的。最初的遗忘速度很快,刚过20分钟就会遗忘近一半的记忆量;8~9小时后,记忆量就只剩下35.8%;6天后就只剩下25.4%的记忆量。

既然遗忘存在规律,那我们可以参照遗忘规律来进行相应的记忆力训练,通过定期复习来巩固知识,反复记忆,逐渐减缓对知识的遗忘速度。

晓莉最近辅导儿子写作业时让他先复习一遍课堂笔记,温习下功课再做题。本以为这样做可以降低错误率,但她检查作业时发现错误率仍旧很高。有些是单词拼写错误,有些是公式记得不扎实。她指着其中一道错题问:"这个知识点老师在课堂上会重点讲,你的课堂笔记上应该也有,可你为什么做错了呢?是没听懂吗?"

儿子说:"我听懂了,老师说这块重要时,我还重点记了一会儿,刚才做题时竟然忘了。"

晓莉问:"你做题前没看一遍课堂笔记吗?"

儿子有些不好意思地说:"我以为我全学会了,不用再看了,可没想到这么快就忘了,我是想快点儿做完题的。"

晓莉说:"虽然课堂上记住了,但如果课后不复习,记住的知识点就会慢慢忘掉。"说着,她在纸上画出艾宾浩斯遗忘曲线,并告诉他,"这条曲线就是遗忘的规律,如果不定期复习,你学到的知识最后就只剩下一点儿了。妈妈刚才让你先复习一遍课堂上学的知识点,就是想要你节省时间。知识点巩固好了,做题才更高效。像现在这样改错题不是更浪费时间吗?"

儿子点点头，说："妈妈，您说得对，写作业前先复习是正确的。"

晓莉说："你可以慢慢养成复习的好习惯，这对以后的学习也有帮助。我们学到的知识只有经过反复复习才能加深记忆，最后变成自己的知识，储存在大脑里。"

儿子说："好的，妈妈，我试一试。"

晓莉的儿子在复习时也会遇到很多问题。比如把握不好时间，不知道怎么安排复习和预习的时间，每天学到很晚，导致上课打瞌睡。后来，他在学校和老师、同学交流后改进了自己的复习方法，学习效率提高了不少。

孩子在复习的过程中难免会遇到问题，家长在给孩子提复习意见时也要注意尊重他们的复习习惯。下面有几条复习要点，家长可以分享给孩子。

（1）写作业之前先复习一下课堂笔记，系统地回顾课堂上的重要内容。做题时有不明确的知识点可以跳过，等全部做完后再查漏补缺。

（2）制订复习计划。每日的复习计划要坚持完成，且定期进行系统性复习。语文的生字、生词和英语单词需反复记忆；数学要注意对公式和定理的理解，学会举一反三。在周和月的节点再巩固一遍。

（3）主动复习，不作秀，认真对待复习的每一分钟。

复习是为了巩固知识，而不是耗时间感动自己或父母。

（4）复习应按照自己的学习习惯，有针对性地进行。经验可以借鉴，但要适合自己。

（5）复习时遇到不懂的知识点要回归课本，研究课后习题。仍不明白的地方可查询资料，咨询同学或老师等，直到弄懂为止。

小学阶段的习惯养成都是在不断摸索中进行的。也许孩子有一套看似笨拙但实际有效的复习方法，比如复习学过的单词，他们喜欢死记硬背，多写几遍也能记忆深刻，那就尊重他们的方法。过一段时间后再给他们引入在句子或课文中记单词的方法，让他们做决定是否要改进。复习方法可以不断改进，让孩子在不断的实践中找到最适合自己的复习方法。

给孩子独立思考和解决问题的机会

爱因斯坦曾经说过:"学习知识要善于思考、思考、再思考,我就是靠这个方法成为科学家的。"

独立思考的魅力在于"得之不易"。如果一切都来得太过容易,就很容易被我们忽略或遗忘,学习知识亦是如此。举一个简单的例子,当孩子读一篇文章,发现里面有不认识的生词,不理解什么意思,跑过来问你时,你会怎么做呢?

是为了节省孩子的学习时间直接告诉她,还是让她自己思考一下,想办法解决眼前的难题呢?毋庸置疑,前者容易获得,但很快就会遗忘,再遇到同样的词,她还是不会读;而后者则会记忆深刻。为什么呢?因为为了学会这个生词,她会去翻词典,查完之后势必要仔细阅读字典上的内容,顺便记一下,然后再放到文章里再记一遍。她也可能选择去学校问同学和老师,在咨询的同时和他们探讨一番,这无疑会增强记忆。这就是独立思考和做事的魅力。

有些时候，家长在辅导孩子学习时"守拙"，孩子的进步会更大。下面让我们来看看我的邻居思扬是如何"守拙"的吧！

一天晚上，思扬检查儿子的数学作业，发现有两道判断题做错了。这两道判断题的题目分别是：①小红家距奶奶家20千米，她最好步行去；②黑板擦的长度是10厘米。第一道题，他打的"√"；第二道题，他打"×"。于是她问儿子："这两道题你是怎么想的呀？"

儿子看着题目想了想说："我去奶奶家就是走路去的，我想20千米也不远，步行去完全可以吧。另外，我觉得黑板擦应该是10米，10厘米太短了。"

思扬哭笑不得，不敢和他继续探讨，也没直接告诉他正确答案，而是说："啊，原来是这样，我也不知道正确答案是什么，咱们先出去玩儿吧！"

提起玩儿，孩子自然高兴，兴致勃勃地和思扬往外走。他们来到小区外面的运动公园，她对儿子说："咱们先慢跑一圈，简单锻炼一下。"

儿子点头，跟着思扬跑了一圈，停下来休息时，他说："妈妈，这一圈还挺长的，好累，我要休息一下。"

思扬笑着说："咱们刚才跑的一圈是400米，1千米需要跑两圈半。而你刚才做的那道题，小红家距离奶奶家是20千米，你确定能走过去？"

儿子笑着挠挠头，说："好像不行，得坐车。"

接着思扬拿出卷尺递给儿子："你自己量一下1米有多长，再思考下黑板擦那道题。"

儿子按照妈妈的要求量了一下1米的距离，这下明白了1米到底有多长，10米的黑板擦根本拿不动，教室里也放不下。

思扬说："做这样的题要多思考，不能想当然，可以将厘米、分米、米的测量单位都实际量一下，这样你在做题时就能做对了。"

当孩子问思扬问题时，她不会直接告诉他正确的答案，而是鼓励他主动思考，先独立解决，实在不行再寻求帮助，她会和孩子一起探讨怎么做，放手让他自己动手去做。她认为父母不应该是无所不能的，也不要有完美主义心理，担心回答"我也不会"时会让孩子认为父母无能。只有父母"守拙"，放手锻炼孩子独立去做事，孩子才能快速成长。

此外，思扬认为反馈问题同样重要。举个例子，孩子问她一道题，她说不会，让孩子自己想办法解决。等孩子学会如何解题后，她会拿着本子去找他："刚才你问我的那道题是怎么解的？可以给我讲一遍吗？下次你再问我时我就会解答了。"这也是对费曼学习法的实践，让孩子再次巩固所学的知识。

主动思考和解决问题是提高自主学习能力的前提。不要认为孩子太小，不会做，他们远比我们想象的优秀。所以，我们要相信他们，给他们独立思考问题的机会这样，他们的学习能力才会在不断的锻炼中得到提升。

语文：要注重阅读理解和写作

三年级是语文学习的重要转折期，家长要将侧重点放在阅读理解和写作上，要注意扩展孩子的阅读面，让孩子多练习提炼文章的中心思想。提炼完中心思想后，也要进行扩写。阅读和写作需要相辅相成，共同训练。

举一个例子，下面节选的是我写的散文集《陌上花开》中的文章片段。

我所见的槐花是白色的，它通体雪白，莹润如玉。一朵朵，一串串，一簇簇的槐花挂在枝头，隐藏在碧绿的叶子中，像悦耳动人的风铃，又像夜空中的星星，还像亭亭玉立的少女，青涩而美好。繁茂的叶子中间，几串洁白无瑕的槐花俏皮地露出笑脸，像是在与我打着招呼似的。微风过处，处处留香，那一串串槐花在碧波中荡漾，毫不在意赏花之人的多少，只是在默默地绽放出原本的美丽。想来槐花绽放美丽，那是再自然不过的事了，哪管赏花人的多与少呢？她又哪有时间去思考那么多呢？季节一到，时间刚好，就自然而然地盛放了。

读完后，可以让孩子思考这一段主要描写了什么，大致的中心思想是什么。然后，让他们也选择一个自己喜欢的植物进行描写，完成从阅读到写作的关联练习。

阅读时，要在查看和认识生词的基础上，让孩子先思考词语的用法，再从简单的句子仿写到段落仿写，最后才是作文练习。

李晓在儿子进入三年级后就有规划地训练他的阅读和写作能力。阅读一篇文章后，她会鼓励儿子发挥想象力，让儿子闭上眼睛感受文章中描写的风景，再和他找出文章中描写生动的句子，一起交流，说出自己的感受。

除此之外，李晓还鼓励儿子写读书笔记。她对儿子说："三年级的读书笔记可以很随意，你可以记自己读过的好词好句，也可以写自己的感想，全当是课余时间的阅读积累。"她的儿子养成习惯后，后来读书时一遇到优美的句子就会记录下来，并且时常翻看。

一段时间后，李晓开始鼓励儿子写作文，但她不强迫他写日记，一旦儿子写的作文有"流水账"等敷衍的情况，她就让儿子停止练习，让他休息一段时间。在这期间，她仍旧让儿子进行扩展阅读，看一些他喜欢的绘本或其他感兴趣的且适合小学生阅读的书籍。等他的状态恢复后，再接着训练写作。

想要孩子在作文中拿高分是没有捷径的，唯有多读、多写。下面给各位家长介绍几个训练孩子写作的方法，仅供大家参考，各位可以根据孩子的特点做相应的写作练习规划。

1. 注意平时的有意识交流，鼓励孩子思考

可以利用好和孩子相处的碎片时间。比如在公园看到牡丹花开，引导孩子思考有关牡丹的古诗词，以及如何描写牡丹花开的情景。家长要注意说话方式，不要让孩子觉得这是在考试。家长可以抛砖引玉，先说出自己的想法。

2. 进行扩展阅读

让孩子多读名家或优秀学生写的范文，研究他们的写作方式。在阅读的同时可以进行好词好句的积累。

3. 大量的写作必不可少

可以让孩子先从写句子开始，接着是段落，最后是一篇完整的文章。

4. 告诉孩子要坦然面对写作上的失败

如果孩子写不出来，写得不好，或者不会写，大脑一片空白，缺乏想象力，等等，家长要告诉孩子这些都是正常的，不要放弃。不知道写什么时可以回归到阅读上，扎根在生活里，写作的感觉可以从生活和学习中沉淀出来，但要坚持。

语文的学习需要大量的知识积累，日复一日地坚持下去才可以顺利度过三年级的转折期。别着急，给孩子适应的时间，相信他们可以越来越好。

数学：侧重加强孩子的应用意识

数学是偏理性思维的学科，也是让很多孩子都感到头疼的科目。很多孩子甚至不明白为什么要学数学。

其实，数学来源于生活，也应用于生活。正如小学数学教材上编者的话："数学就在我们身边，我们总会遇到她。"

数学课本上的内容是由浅入深进行编写的。当孩子认为数学难以应用时，我们要告诉他们生活中处处有数学。去市场买菜需要用到数学，给学校操场铺满橡胶需要用到数学，物理学家做科学实验需要用到数学，研究遥不可及的宇宙天体也需要用到数学……

小学数学相对来说比较简单，想要在小学阶段拉开考试分数的概率不高。我们在规划孩子小学数学的学习时要侧重以下两个方面。

（1）给孩子灌输数学的应用意识，让他们对数学产生研究的兴趣。

（2）不要在乎孩子的考试分数，要将关注点放在查漏补缺上，哪里不足补哪里。

孩子在做题时就会遇到简单的应用题。比如：一部8集儿童电视剧播放时间共336分钟，平均每集播放多长时间？

这是一道三年级数学课本上的应用题，需要用到除法，这属于入门级别的应用题，可以开启孩子的数学应用意识。家长在辅导孩子写数学作业时也要回归数学课本。用生活中的事情引入数学，再提炼数学公式或概念，并将其应用到生活里，帮助孩子充分理解数学题。

孙伟平时就注意培养儿子的数学应用意识，会在生活中做一些数学小游戏，让他觉得数学很有意思。比如学到除数是一位数的除法，他辅导孩子写作业时会做限时抢答游戏，将可以口算的除法题写在卡片上，看看儿子在一分钟内可以算对几个。如果全算对的话就会得到一次奖励。

此外，他还会和儿子一起研究有关除法的应用题，充分理解题意后再做解答。同时也会鼓励孩子编类似的应用题，再算出答案。

他还会将数学题应用到实际生活中。比如去书店买书，他会让儿子算下同样价格的练习册，100元最多可以买几本，剩余多少钱。和儿子一起去运动公园跑步,在知道跑完一圈用的时间是8分钟后,他会问儿子一个小时可以跑几圈。他们还会互相编题考对方,谁回答错了就要接受惩罚,比如绕操场跑一圈等。

学习数学思维很重要。平时我们就要像孙伟一样有意识地培养孩子的数学思维,让孩子勤思考,勤动脑。

当然,数学思维的培养也需要循序渐进,不能操之过急。别让孩子认为生活中的数学是一种负担,要引导他们真正对数学感兴趣,愿意主动去钻研和研究。

英语：需加强听、说、写训练

进入三年级后，英语课本的知识涵盖点增加，学生的英语分数也开始逐渐出现分化。孩子想要拿高分，需得听、说、写全方面发展。因此，家长对孩子的英语学习规划要做出以下转变。

（1）依旧要想办法让孩子对英语保持兴趣。
（2）背大量的单词和短语固定搭配。
（3）清楚考试题目的类型，有针对性地练习。
（4）加强口语和听力训练，扩展阅读。

大量的系统性知识的学习会让孩子感到吃力，他们会出现不认识单词，背过总忘，不敢开口对话等问题。想要让他们消化和吸收所学的知识就需要及时进行训练。

学习英语，"听"很重要，它是语言输入的过程，可以说是读和写的基础。中年级要格外注重加强对英语听力的练习，为高年级学习打好基础。家长可以让孩子多接触英语听力，营造语言环境，做到从听到读，再到写，加深记忆。

刘倩很注重对女儿英语听力和口语的训练。她认为英语就是一门语言，和中文一样，只要语言环境营造到位，孩子的英文水平就一定会提高。因此，她会找机会让孩子跟说英语的外国人交流，有时陪她上线上口语课程，有时会找外国同学陪她聊天。

经过一年的练习，女儿的听力和口语水平都非常不错，老师和同学都夸她有学英语的天赋。但同时也出现了一个问题：她的笔试成绩不高，单词会读，也听得懂，但就是不会写，还有很多拼写错误。

英语老师与刘倩沟通，说："英语学习是听、读、写相结合，每一个环节都很重要。将侧重点放在听力上没有问题，但也要注意写，不仅要听得懂、说得出，还要写得对。"

刘倩也意识到问题的严重性，好在现在还有机会改正。于是她按照老师的建议调整了英语的学习规划，并且和女儿一起制订了背单词的计划。

下面是我总结的几点关于家长如何规划孩子英语学习的建议，希望对大家能有所帮助。

1. 给孩子营造英语的语言环境

英语水平高的家长可以这样做：用英语和孩子交流。可以先从简单的生活话题开始，让孩子在生活中锻炼英语口语和听力。当然，这要求家长的口语水平很高，发音和语调要纯正。

没有家庭口语交流条件的家长可以试着给孩子打造"英语背景声音"。比如，我们可以找一些有趣的英文小故事或英文歌，利用孩子晨起洗漱或吃饭的时间给他们播放。

此外，还鼓励孩子看英文原声电影或动画片。孩子听不懂也没关系，先让他找到说英语的感觉，让他感兴趣，进而引到深入学习上，最后达到"为了看懂动画片而学习英语"的效果。

2. 听力训练需要扩展单词量

会的单词越多，听别人说英语和与他人交流时就越没有障碍。家长可以教孩子趣味背单词，让孩子在阅读中记记，再将其应用到句子里。

3. 听和写要一起练习

关于陪孩子进行听、写训练，家长可以按照以下步骤进行。

第一步，给孩子放一段英语对话，让孩子大概说一下是什么意思。这是简单的同声传译练习，孩子一开始听不懂或记不住也没有关系,关键是要坚持练习。

第二步,让孩子将听到的英语对话写在本上,可以先从短句开始练习,再慢慢地加入长一点儿的对话。

第三步,将英译汉与汉译英相结合,快速转化。

三年级的英语对话内容较为简单,贴近生活和学习,这个初级同声传译可以应用在各个年级。小学阶段要打好基础,形成习惯后,到了小学的高年级,甚至是初中、高中都可以受益,可以提高英语学习效率。

第四章
规划好中年级到高年级的承接期

四年级是小学的转折期,也是中年级到高年级的承接期。在这一时期,孩子的学习习惯和状态基本成型,家长要注意纠正孩子的错误习惯,给孩子树立榜样。另外,各学科的学习任务增加,想拿高分不容易,要让孩子注意对基础知识的应用,掌握做题技巧。

到大自然中去积累写作素材

要想让孩子写好语文作文,就要让他积累大量的素材,要将理论与实践相结合。理论部分,即能够从书本上获得的内容,或是名人传记,或是古诗词,抑或是作文优选、随笔散文。对于这些内容,孩子要多看、多思、多联想。而实践部分分为两部分:第一是亲身经历,即到大自然中去观察、感悟;第二就是将理论引入现实,切实地感受书中所描绘的美景,懂得寄情于景的含义。

大自然是一个天然的素材采集场所,不管是自然景观还是人文景观,我们都可以让孩子置身其中去感知。他们看到的风景、听到的风土人情以及走过的路,都可以成为他们写作的素材。

我认识一个语文老师,她专门辅导小学生写作文,其中一个学生写作文很厉害,到四年级时已经在杂志上发表过多篇文章。

这个学生将写作当成了爱好，会主动学习，一有空闲就会写一篇小作文。

当然，她也不是一开始就很会写作文，也是通过大量的练习后才有了今日的进步。她一直记得语文老师说的话："要学会发现生活中的美，发现大自然的美。"所以，她总是和父母一起到大自然中去游玩，去观察，然后将自己看到的和想到的写出来。

我们也可以利用大自然的天然课堂，让孩子在大自然中获取知识，从而实现一边放松，一边学习。大自然的魅力如此强大，那要怎样引导孩子在大自然中获取素材呢？

1. 增加户外活动

在学习之余，要增加孩子的户外活动。可以去野炊、游玩、散步，让孩子在放松心情的同时，近距离感知大自然。

你也可以和孩子一起做一些有意义的事。比如一起种一棵果树，观察它的生长，从开花到结果，让孩子知道生命的顽强和力量，懂得一分耕耘，一分收获。再比如，和孩子一起观察自然界的动物，看看它们是如何交流的，又是怎样生存的。

2. 看和写相结合

带着"书本"去看风景，感受自然界的壮观，不仅能让孩子看到诗词中描述的景色,将想象变成现实,还能让孩子借用古诗词直抒胸臆,增强作文的感染力。看过大海,才更加理解"面朝大海,春暖花开"的洒脱,知晓"落霞与孤鹜齐飞,秋水共长天一色"的旖旎;去过沙漠,才更加懂得"大漠孤烟直,长河落日圆"的豪迈,见到"大漠沙如雪,燕山月似钩"的景色。自然景观更能让孩子产生写作的灵感。

3. 鼓励孩子将所见所闻记录下来,将感悟分享给身边的人

这一步要发挥孩子的自主性。孩子只有自发地写,写出来的内容才更有灵性。别让孩子认为写游记、积累素材是任务,要想办法让他们觉得有意思。比如,家长可以和孩子一起写,写完之后互相点评,还可以投稿。我相信,当他们写的东西被发表在报纸或杂志上时,他们的写作动力和自信心就会直线上升。

4. 坚持积累,勤加练习

写作能力是可以通过系统的训练来提升的,家长可以多研究一些高分范文,然后根据孩子的情况,让孩子进行针对性的练习。不明确应该怎么做的时候就让孩子多读书,比如老师推荐的书籍或同学的优秀范文,读过之后再练习仿写。

这里所讲的仿写不等于抄袭,孩子可以借鉴结构,但不能照搬照抄内容。

让孩子仿写的同时也要守护孩子的想象力，可以让孩子多做一些想象力训练。比如，家长随意指出一个物品，如苹果，问孩子能想到什么。孩子可能会想到平安夜、圣诞老人、白雪公主的童话故事、平安、快乐等。也可以是生命、顽强。一棵苹果树开了许多花，这些花经历同样的日晒雨淋、狂风肆虐，唯独它孕育出果实，变成今日我们所看到的样子，这不就是生命的顽强吗？家长要多和孩子互动，一起发挥想象力，给彼此提供灵感，这也是素材的积累方式。

积累答题技巧，学会举一反三

四年级的孩子经过一段时间的学习和积累已经有了自己的答题经验和技巧。我们在这个时期可以针对孩子的薄弱项进行重点规划和引导，给他们一些意见。

就语文而言，进入小学中、高年级后，语文的丢分项主要集中在阅读理解和作文上，其卷面考查的比重加大，分值也较高。这个时期的语文学习就需要将侧重点放在"理解"上，注意把握和积累答题技巧。

所谓"理解"，包括理解题意、文章中心思想和作文立意等。语文学习需要长期积累，多读、多思、多练、多写、多总结。想要提高分数并不容易，尤其是阅读理解和作文。

阅读理解题考查的是孩子的理解能力和表达能力，它的答题技巧如下。

（1）在答题前先快速地浏览题目，带着问题来通读全文，提炼中心思想，弄清楚作者想要表达的意思。

（2）答题时要看准题目，明确问题。审题极为重要，不要答跑题。

（3）答题要规范。首先字迹要工整，答案要有条理性，注意格式。比如："这段文字运用了什么修辞手法？有什么作用？表达了作者怎样的心情？"答这道题时就可以分为三点，用序号标明，不要漏答。文字分析要有条理，注意逻辑关系，不要漏写关联词。比如答题时写了"因为"，后面就要有"所以"；也不要前面答题时写了"虽然"，后面就忘了写"但是"。

（4）题型做多了就会有固定的答题技巧。比如"开篇点题，结尾扣题，承上启下……"这些词的运用，可以让孩子的答案更深刻，但切记不要为了运用而强行加上。

与语文一样，数学也有答题技巧。数学讲究思维训练，不宜采取题海战术，要让孩子每做完一道题都要做"精"。比如，做完一道题后，尤其是做错题时，可以鼓励孩子做以下思考。

（1）这道题考查的知识点是什么？

（2）自己是如何思考的？该从哪里入手呢？

（3）做错题的原因，是知识点掌握得不牢固，还是马虎？正确的解题思路是什么？应该掌握哪些知识点或公式呢？

（4）除了这一种解题方法，还有其他的思路吗？

（5）在巩固知识的基础上进行扩展练习。找一些类似的或者难度增加的题型，多思考，转变思维，把自己当成出题老师来思考如何设置数学陷阱，又应该怎样避免。

最后两个层次的思考是拔高训练，可以锻炼孩子的思维，让孩子学会一题多解和举一反三，最后变得融会贯通。我们在辅导孩子学数学时可以鼓励他们深入思考，增强对数学的领悟能力。

此外，数学大题的解答要注意步骤，不要为了节约时间而节省步骤，导致丢分。解题时可借助列表、图示等方法来分析，在演草纸上做记录。

学习是一个积累的过程，我们要善于鼓励孩子，和孩子进行沟通，让孩子积累各科的答题技巧，努力发挥出自己真实的水平。

抓住英语语法启蒙的黄金期

随着英语学习内容的加深,孩子会明显感觉到吃力,成绩也逐渐形成分水岭。四年级是抓住英语语法启蒙的黄金期,家长要将此加入到孩子的学习规划当中。

什么是英语语法呢?

简单来说,语法就是语言使用的规则。

有些孩子或许不懂什么是语法,但他们知道词语的固定搭配,也懂得说"I am Li Lei.""This is Han Meimei.""Give me the apple."等。在背单词和课文句子以及应用在日常对话时,他们知道I和me应该这样用,这其实就是语法。

四年级英语的学习内容增加,随之而来的语法知识也将增多。家长和孩子在做学习规划时也要侧重于对语法知识的理解和应用。

小薇很注重对孩子英语的教育，她会在学期开始前给女儿制订英语学习计划，告诉孩子要达到的既定目标。进入四年级后，她发现英语涉及的语法较多，也有意识地让孩子多接触语法内容，为高年级的学习打好基础。为此，她给孩子找了很多英语课外读物，想要扩展孩子的阅读面。

她的出发点是好的，方向也对，但是由于一下子增加了学习量，孩子吸收不了大量的新知识，明显跟不上英语规划的进度，导致学习成绩不但没有提升，反而经常做错题。

在研究了女儿的错题后，小薇发现大多是语法问题。于是专门给她补习了语法，告诉她不管怎样都要记住，哪怕是死记硬背。结果就是女儿要么将语法内容记错，要么张冠李戴。经过几轮学习后，她发现女儿在做题时还是容易出错，细问之下，女儿说："妈妈，语法好难，我根本就不理解。"

其实，我们在陪孩子学习时也容易像小薇一样，犯同样的错误，用题海战术和增加知识的输入来提高学习成绩，企图让孩子更快地吸收知识。但是大量的输入只会给孩子增加负担，效果不佳。语法学习也是一样，要想办法让孩子真正理解它，然后应用它才行。

关于小学生英语语法的学习也要讲究方式方法。这里有几点建议分享给各位家长，大家可以根据孩子的学习情况做出选择。

1. 语法学习不宜直接输入，要让孩子在理解的基础上学习

单纯讲语法知识会让孩子觉得晦涩难懂，可以让孩子从习题中积累。学习课本内容时注意加强记忆词语的固定搭配、特殊句型等。

2. 让孩子主动对学过的语法知识进行总结

家长要引导孩子从理解到记忆，再到系统地归纳，定期复习学过的语法知识，理解并吃透知识点。比如，让孩子在做完一道题后总结题目中涉及的语法内容，如名词的复数，什么情况下是在名词结尾加s，什么情况下又是加es，让孩子自己摸索出规律并记在语法本上。不明白时要及时问老师或同学，养成自己总结的好习惯。

3. 在英语错题中学习和记忆语法

孩子做错题很正常，有不理解的语法也是常态。家长要告诉他们做错题后要想办法及时弄清楚做错的原因，与此同时还要写出当中涉及的语法内容，再做一些类似的题目进行巩固。

4. 让孩子不要拘泥于语法

语法是学习英语的工具，它可以帮助孩子读懂课文，但做题

时，不要让孩子拘泥于弄懂语法。比如，孩子进入高年级后做阅读理解时，读懂文章即可。尤其是考试时，要注意时间的把控，不要因为细抠语法而答不完题。

此外，写英语作文时，注意不要犯语法错误。英语作文的写作也是由简到难，从会写简单的对话到写一篇作文。比如，如何给同学写明信片，都包含什么内容，可以让孩子先在脑海中简单构思一下，再用英文写出来。

小学接触的语法知识相对简单，但也要及时启蒙，关注和跟进他们对语法的掌握程度，不要怕孩子出错，也别担心孩子学得慢。让孩子在学校跟上老师的授课进度，回到家再有针对性地复习，做一些语法练习，相信孩子会很快适应。

加强情绪管理，有效缓解压力

在陪伴孩子成长的过程中，家长要一直关注他们的情绪。我们所说的情绪管理并不是要将孩子的所有情绪控制起来，而是让孩子试着感知和接纳它的存在。不管是自己的情绪，还是身边他人的情绪，都要试着接纳，及时调节自己的心情，不被情绪支配。

随着课业的增多，学习压力的加大，孩子还要面临来自各方面的"打压"，随之而来的便是情绪问题。我们在教养孩子时要采取无条件养育，在孩子的情绪管理上也要无条件接受。

无条件接受是指不刻意压制孩子的负面情绪。举个例子，当孩子在公共场合大声哭泣，路过的行人纷纷侧目时，身为家长，你的第一反应是什么？是羞愧难当觉得没面子，还是立刻给孩子营造安全感，安抚他们的心情？这里我问的是第一反应，哪怕当时你有一瞬间觉得丢脸，这就不是无条件接受孩子的情绪。无条件不是强势压制,也不是任其发泄,而是和孩子一起接纳真实的自己。

下面让我们来看看张晶是如何处理这件棘手的事情的吧!

张晶丝毫不理会周围人的视线,立即拿出纸巾递给儿子,并且对他说:"现在你是安全的,妈妈陪在你身边,你可以放心地哭。如果你需要的话,我还可以抱抱你。"

等儿子情绪稳定后,她将他带到一个安静的地方,给他点了一杯果汁,说:"先喝一口,然后再决定要不要和妈妈聊一聊。"

儿子说:"我以为您会骂我不该在那么多人面前哭。"

张晶看着儿子回答:"我为什么要骂你呢?哭是很正常不过的事,每个人都有情绪不好的时候,难过时不应该压抑自己,而要想办法将情绪释放出来,再想办法解决。"

儿子说:"他们说男孩儿总哭不好,很丢人。"

她说:"哭是不分男女的,任何情绪的出现也是很自然的。不要对自己要求太严格,我们都有弱点,没关系。只有接纳自己的各种情绪,承认它的存在,我们才能战胜它,不被它支配。"

儿子笑了笑,说:"妈妈,谢谢您刚才没有批评我,我只是太敏感了,有点儿委屈。"

张晶摸了摸儿子的头,说:"下次再遇到类似的事情,别钻牛角尖，和自己过不去，要像今天这样先想办法让情绪稳定下来，再思考接下来要做什么。自己解决不了的事，一定要告诉妈妈和爸爸，我们都会站在你这边。"

孩子情绪崩溃时，会忽视外界的声音，不管不顾地沉浸在自己的世界里。这个时候他们最需要的是家长的安慰和怀抱，而大声呵斥或压制只会让他们更没安全感，心思更敏感脆弱。张晶在儿子情绪失控时第一反应是安抚，试着让他平静下来，然后再问孩子哭的原因，这样做是非常正确的。我们在引导孩子管理自己的情绪时也要像张晶一样，包容孩子所有的情绪，允许孩子负面情绪的存在，不刻意压制。

我认为，情绪管理需要经历三个阶段：发现负面情绪，承认负面情绪的存在（自己和他人的），以及解决波动的情绪问题。而帮助孩子处理负面情绪的前提是接纳自己存在的问题。

很多家长在与孩子相处的过程中，尤其在辅导孩子写作业时，情绪波动极大，稍有不慎便会被情绪控制。越是如此，就越要做出改变，与其压抑，不如承认："是，我已过了而立之年，情绪反应还是如此强烈，孩子是存在问题，而我存在的问题也不少。"承认自己的情绪，也是在接纳自己。

与其做一个无所不能的妈妈/爸爸，不如让孩子看到我们的进步。

负面情绪存在的意义是见证成长。当我们和孩子一样压力大时，我们要想办法和负面情绪博弈，用不断更新的方式管理它们，直到可以平和应对。

失败不要紧，要有学习的意志力

孩子在学习和生活中难免会经历挫折和失败，随着年级的升高，他们或许会更在乎排名和分数。当现实与预期设想不一致时，他们也会有挫败感。这个时候家长就需要注意对孩子"逆商"的教育，教会孩子如何从失败中走出来。

学习看似很简单，但实际上，它很考验孩子长期的耐力。孩子需得每日练习，日日坚持才有可能取得进步。失败会经常发生，要让孩子看淡学习中遇到的事情，不要过度看重考试分数。

当孩子面对失败时，家长要给予正确的引导。

芳姐在辅导儿子写作文练习时遇到过这样一件事：语文老师要求同学们看图写作文，并要求家长在孩子写完后检查一遍再发到微信群里，最后由老师统一点评，选出写得最优秀的。

芳姐检查完孩子的作文后，就按照老师的要求发到了群里。

一个小时后,老师开始点评。点评到芳姐的儿子时,老师指出了作文的问题:"句子写得不完整,缺乏主语,动词和形容词搭配不恰当,最后一段没有总结,还写跑题了。"

儿子听了很难过,芳姐安慰他说:"语文老师指出了你作文中的问题,这是好事啊!那你平时练习时就知道怎么练习了,下次写作文一定会有进步。虽然这次写得不好,被老师批评了,没有得第一,但是没关系啊,从这次的失败里学到东西就是棒棒的!"

这时,语文老师又在点评小雪的作文,而且把她的作文当作范文读了一遍,让大家向小雪同学学习。

芳姐在听这篇作文时就发现了问题:这不像是一个小学四年级的学生写的,因为无论是用词还是修辞手法的运用都很娴熟。正当她疑惑时,她接到另一位家长的私信,里面有一张截图,是百度文库上的作文优选,里面的内容和小雪作文的相似度达到90%。

原来小雪的妈妈为了让孩子得第一,给孩子在网上搜了范文。小雪写好后,她的妈妈给她做了全面的修改。

小雪的作文虽然被老师评为优秀,却是无效成功,对孩子的进步毫无益处。

其实,家长在孩子的成长过程中会起到至关重要的作用,我们要教会孩子正确看待成功和失败,让孩子无畏失败。作为家长,我们首先要有平常心,不过度关注孩子的分数和名次,给孩子正确的引导。要像芳姐那样对孩子说失败了不要紧，找出原因，下次就知道怎么做了。

现在，我们来总结一下当孩子经历失败时，家长的正确做法。

1. 要及时给予孩子情感上的关怀

孩子遇到挫折时，一定会感到很难过，在失败的悲伤中难以自拔，心理上缺乏安全感，渴望得到帮助。家长要及时关注孩子的情绪变化，倾听孩子的声音，让孩子感觉到父母就在他们身边，并且很关心他们。

2. 和孩子一起想办法，引导孩子说出自己的意见

与其做无所不能的父母，不如守拙，做"什么都需要学"的笨父母。父母笨一些，孩子更聪明。当孩子失败时，家长也许会瞬间想到很多解决办法，但这时不要开口，而应引导孩子思考如何解决，让孩子建立这样一种思维模式：思考—验证—动手。将问题交给孩子处理，家长起辅助作用，直到孩子找到解决问题的办法，从失败中走出来。

3. 引导孩子找出失败的原因

当孩子从挫折中走出来，也找到了解决难题的办法时，家长

还需要陪孩子一起找到失败的原因。这样，孩子下次再遇到类似的事情时，就知道应该如何面对了。

4. 交换位置，让孩子成为解决问题的主体

我们遇到挫折或失败时，不妨和孩子交换一下，向孩子寻求帮助："我现在很难过，你可以想办法帮忙吗？"让孩子有使命感和责任心，同时也可以锻炼孩子处理问题的能力。

5. 告诉孩子"有效失败"比"无效成功"更有意义

家长要告诉孩子，只要这一次的失败让我们学会了一些东西，那它就是积极的。同时，家长也不要有案例中小雪妈妈那样的想法，害怕孩子失败而帮孩子写作文，这样的"成功"不值得提倡。要想让孩子无畏失败，家长首先就要看淡成功，少一些功利心。

6. 让孩子知道和理解失败无处不在

家长要告诉孩子：失败时，不要畏惧，也不要难过，而是要想办法从失败的打击中走出来。学习中遇到的失败是他们走向成功的阶梯。无论考试卷子上的分数是多少，它只代表一个阶段的学习成果，要鼓励他们持之以恒地学习。

第五章
五年级孩子应该懂得的四种有效学习方法

五年级的学生已经开始进入青春发育时期,要面对生理和心理上的变化,家长要格外关注孩子的情绪波动,多和他们沟通和交流。这一时期的学习侧重点应该在归纳总结上,鼓励孩子自主学习,找到最适合自己的学习方法,从而做到高效学习。

费曼学习法——孩子也可以当老师

五年级孩子的学习思维和学习习惯已经基本成型。随着需要掌握的知识进一步增加，孩子的成绩也将出现分层。如果想让孩子在学习方面更上一层楼，在众多同学中脱颖而出，就要让他懂得一些高效的学习方法。

对于学习，老师传授的知识是既定的，但孩子掌握的知识量却存在差异。用错了方法，花费再多的时间去努力也是无用功。只有用对了方法，孩子才能如鱼得水。找到学习的窍门，开启学习的内驱力。

不知各位家长是否注意到这样一个现象：那些经常花时间给其他同学讲题的孩子的学习成绩更好。他们看似是被占用了学习时间，但实际上是在巩固知识。将知识的输入转向知识的输出，将所学的知识反复吸收，最后达到高效学习。其实，他们的这种做法就是对费曼学习法的实践。通过"当老师"的形式加深对知识的记忆。那么，什么是费曼学习法呢？

费曼学习法源于诺贝尔物理学奖获得者理查德·费曼，它的核心思想是：当你准备学习一门课时，你必须站在授课者的角度，假设自己要给别人传授知识。在这个知识输出的过程中，你需要用通俗易懂的语言表达出来，最好使用让一个8岁孩子或80岁老人也能听懂的方式来讲解。

简单来说，费曼学习法的操作流程可以简化为四个词语，即概念、教授、回顾和简化。下面我们来细化一下这个学习方法的操作步骤。

第一步，选择一个即将学习的概念，将这个概念写在纸上。

第二步，设想自己是老师，准备把这个知识点教给他人。在准备的过程中，你要充分理解这个知识点，试着复述下来。

第三步，如果你不明白，就回过头去重新学。如果还不明白，不要着急继续，停下来翻阅和查找资料，或去询问老师，直到把知识点弄明白，最后再复述。

第四步，用容易理解的语言复述概念，标准就是能让一个孩子或老人听懂。

下面我们通过一个案例来讲解小学生应该如何应用费曼学习法。

王晓在女儿上小学五年级后就给她灌输"学习上要助人为乐"的思想。具体表现在积极和同学讨论习题，学习同学的优点，不吝啬于给同学讲题等。女儿不理解，反驳道："有给同学讲题的时间都可以背几个单词了，为什么要浪费时间？"

面对女儿提出的质疑，王晓先是肯定她的批判性思维，然后给她引入费曼学习法："给别人讲题既可以帮助他人，又可以查漏补缺，巩固自己所学的知识，还能锻炼口语表达。一举三得，何乐而不为？"接着，她向孩子普及了费曼学习法。

女儿提出疑问："我应该怎么做呢？现在去找一道题做，然后给我同桌讲？"

王晓说："我们可以改进一下，让费曼学习法适合小学生。应用费曼学习法，你首先得学会老师讲的内容，然后再给同学讲题。如果不明白的话，就想办法让自己学会。多试几次，渐渐地，你就能找到窍门。你现在可以给我讲一下这道应用题。"她指着女儿数学练习册上的一道题。

女儿看了一眼，开始给妈妈讲题。但由于她是第一次讲，讲得不是很明白，最后还把自己给绕晕了。她苦恼地说："妈妈，我好像不会讲题。"

妈妈说："这就是费曼学习法的意义，它能检验出你的不足。虽然有些题你做对了，但有些知识点不明确，所以讲出来就出问题了。将知识点理解透彻，它才能真正印在你的脑袋里，你还需要加油哦！"

女儿点点头说:"您说得对,我再学一遍,看看书上是怎么写的,等我学会了再给您讲。"

妈妈笑着说:"好孩子,就是这样。以后也可以给其他同学讲题,如果不会,你们可以一起再学一遍,讨论出解题思路。"

将费曼学习法代入小学生的思维,我们也可以分成四个步骤来进行。

第一步,让孩子认真听老师讲课,将知识点学透彻,并做一些练习题来加以巩固。

第二步,让孩子将知识的输入转化为输出,给同学讲题。如果没有同学让孩子讲题,那可以让孩子将所学的知识给家长讲一遍。

第三步,如果孩子讲错了知识点或者中途忘记了也很正常,引导孩子以平常心看待。让他们回过头去看书本,翻阅课堂笔记或第二天去学校咨询老师。总之,目的就是要让孩子将这个知识点学会。

第四步,让孩子学会总结自己所学的知识点。用简单的语言重新讲一遍,反复练习,直到将知识点消化吸收。

现在,请把费曼学习法传授给你的孩子吧,让孩子知道,他们也可以当老师!

番茄钟学习法——高效利用时间

小学的高年级阶段是拔高时期,孩子要学习的知识越多,就越需要高效学习。

如果孩子进入小学五年级后还是难以专注学习,写作业磨蹭,时间观念差,拖延做事,那么就可以给他们普及一个有意思的时间管理方法——番茄钟学习法。

番茄钟学习法是意大利作家弗朗西斯科·西里洛发明的,他在读大学时学习效率极低,经常拖延,非常痛苦。于是他对自己说:"我能专心学一会儿吗?哪怕只有10分钟?"可试了几次都失败了,因此,他认为自己需要一个帮助他计时的人。这时,厨房里的定时器映入了他的眼帘。这个定时器的形状有点儿像番茄,就这样,他研究出了一种高效的时间管理方法——番茄钟学习法。它的操作步骤如下。

（1）列一张任务清单，将当日要学习的内容写在任务栏中。任务栏的设计可以简单化，两列即可：一列是"待办事项"，一列是"完成情况"。

（2）找到自己的番茄钟，可以是计时器、手机、闹钟等。

（3）开始进行番茄钟时间。按照轻重缓急选出一个项目，按下计时器，以25分钟为限。时间到后计时器响起，停下手中的一切，休息5分钟，然后再进行下一个番茄钟时间。完成四个番茄钟时间后休息15分钟。

（4）25分钟的番茄钟时间是完整的，中途被打断时要看被打断的时间有多久。如果时间过长，那么这个番茄钟时间作废，在任务清单上画上标记，表明"被打扰"。

（5）注意总结和反省，查看自己的番茄钟时间是否有效，有无改进措施。

了解番茄钟学习法的操作过程后，接下来就需要推荐给孩子去实践了。不过，因为高年级的孩子越来越有主见，再加上即将进入青春期，家长和他们沟通的难度会加大。所以，家长在给孩子提意见或者推荐学习方法时更需要注意方法。下面让我们来看看乔月是怎样将番茄钟学习法推荐给孩子的。

乔月的儿子小涛学习效率很低，一个小时也写不完一页数学练习题。但她没有用催促和逼迫等手段命令他将心思放在学习上，注意学习效率，而是去卧室拿出闹铃，将时间设定为25分钟，然后拿出一张卡片写下自己今天应该完成的事项，接着挑出其中一项，按下闹钟，开始计时。25分钟后闹铃响起，她停下来在卡片上做记录，然后休息5分钟，接着按下闹铃。在第三个25分钟结束后，在书房中学习的小涛走了出来，问道："妈妈，您在做什么？为什么闹钟总是响？"

乔月将自己做的卡片任务清单拿出来说："我刚才觉得做事太没效率了，就想到用番茄钟治一下拖延症。你看，效果还不错，我已经完成三项了，等下再把卧室的衣柜收拾一下，我就可以出去吃下午茶了。"

小涛低头看着那张被标记过的任务清单，说："妈妈，我也要去，带我一个吧！吃完点心我还想去买球鞋，周一有体育课，可以和同学一起踢球。"

乔月说："你作业写完了吗？我刚才给你送水果，发现你的数学练习册才做了一页，英语和语文作业都还没写，如果写不完会被老师批评的。"

小涛顿时有些不开心，低着脑袋说："可我学不进去，在家里学习就是没效率。对了妈妈，您刚才不是说还差一件事没做吗？之前那些事是怎么完成的啊？快教我一下。"

乔月拿起一旁的闹钟说："这个方法很有意思，它不是普通的闹钟,而是神奇的番茄钟。我现在给你讲一下番茄钟学习法的步骤,你可以试一下。如果好用,以后放假在家就可以用这种方法学习。"接着,她给儿子讲解了番茄钟学习法,并且鼓励他去书房试一试。

小涛复述了一遍番茄钟学习法的要领,然后回到书房试了几次,效果果然非常好。他适应了一个番茄钟时间后,在接下来的每一个25分钟的学习中,他的注意力都非常集中,大脑也高速运转,很快便完成了作业。他对乔月说:"妈妈,这个番茄钟学习法很适合居家学习,我要把它推荐给我的同桌。"

当然,每位家长都有和孩子沟通的独特方式。我们可以像乔月一样用实际行动告诉孩子番茄钟学习法的益处,以身作则,给孩子树立榜样;也可以和孩子一起思考如何高效学习,比如去看书、借鉴经验、看教学视频……一切有利于孩子高效学习的方法都值得我们尝试,直到最终找到最适合孩子的学习方法。

请相信,最好的不一定是最适合的,但最适合的才是最有效果的。下面,就请和孩子一起继续解锁高效的学习方法吧!

SQ3R学习法——将厚书变薄

进入高年级后,孩子需要掌握的知识量逐渐增加,他们不仅需要掌握课本的知识,还要扩展阅读量。为了节约时间,使孩子的学习更高效,家长需要教给孩子科学的学习方法,让他们能够快速而有效地阅读,从而更好地掌握新知识。

现在,我给大家推荐一个高效的学习方法——SQ3R学习法。它可以将厚书变薄,给不知从何处着手学习的孩子指明方向。

什么是SQ3R学习法呢?它是由美国心理学教授弗朗西斯·罗宾逊在《有效的学习》一书中提出的。它包含五个步骤,即浏览(Survey)、提问(Question)、阅读(Read)、复述(Recite)和复习(Review)。这是一种行之有效的阅读和学习方法。现在我们来具体解释一下这五个步骤。

（1）浏览。对所要学习的知识大致浏览下，可以看一下目录、提要、大纲等，从整体上大致了解基本内容。

（2）提问。带着问题去读书，效果会更好。在学习时要善于提问，提问也是思考的过程。

（3）阅读。与浏览不同，阅读需要深入理解文章的精髓，提炼中心思想。边读边思考，从头读到尾，针对重点和难点部分要反复阅读和学习，并将重要内容或纲要记录下来。

（4）复述。阅读和学习结束后，试着合上书本和笔记，回忆所学的内容，再用自己的语言复述一遍。

（5）复习。可以通过查看笔记、记录的问题或书本去复习，加深记忆。

下面我们来看一下张涛是如何教孩子应用SQ3R学习法的。

张涛的儿子小泽是五年级的小学生。寒假时，他想要引导孩子多学一些东西，比如，通过扩展阅读来积累写作素材。但小泽在阅读完一本书后脑袋空空，用他的说法就是："这本书太厚了，内容太多了，我根本记不住。"

张涛的出发点很好，但实际效果却很差，寒假已过大半，儿子的写作还是没有进步。他想要知道到底是哪个环节出错了，于是问道："你是怎么看这本书的呢？"

小泽回答说:"我先是读了一遍,然后把写得好的句子记在了本子上。"

张涛大致浏览了一下这本书,然后说:"想要把这本书里的所有内容都记下来的确很难,我刚才看了一下,这本优秀作文集包含的类型比较多。我们可以先总体阅读一遍,然后有针对性地分析单篇的作文,再把每个类型选出一篇来进行深度阅读。"

小泽点点头说:"好,我试一试。那我还是将好词好句摘抄下来吗?需不需要背下来?"

张涛摇摇头说:"单纯地背诵别人写的作文对写作能力的提升帮助并不大,背完你还是不会自己写。我推荐一种有效的方法给你,叫SQ3R学习法,你可以试一试,看看这种方法适不适合你。"

于是,张涛给儿子讲了一下SQ3R学习法的操作步骤。为了让他更好地理解,他们一起阅读和学习了一篇作文,他们是按照以下频骤做的。

第一步,先通读一遍这篇作文,大致了解下作者描述的内容,对文章内容有大致的印象。

第二步,就文章内容提出问题。比如:第一段开篇是如何点题的?作者是通过怎样的手段引出后面的内容?第二段描写的景色运用了什么修辞手法?有什么作用?表达了作者什么样的思想感情?他们父子二人一边问一边答,了解透彻后再继续阅读。

第三步，在阅读过程中将文章框架提炼出来，分析作者的文章结构，将他们想到的问题和答案记录下来。

第四步，分析好一篇文章后，张涛鼓励小泽回忆这篇文章的内容，然后让他用自己的语言复述一遍。初次复述不用字斟句酌，能够说出大致的内容即可。重要的是文章的框架要讲明白。

第五步，将在这篇文章中学到的知识复习一遍，反复查看。张涛让小泽设想一下，如果让他描写这个景色会怎么写呢？再加入自己的想象，仿写一段做练习。

通过和爸爸一起学习，小泽基本掌握了SQ3R学习法的操作步骤。之后，他还独立完成了一篇作文，虽然只有三段，但进步很明显，懂得首尾呼应，也知道运用修辞手法了。

我们在教孩子用SQ3R学习法阅读和学习时还要注意以下两点。

第一，孩子刚接触时可以选择一些较短的文章练习，可以是一个段落，也可以是一篇小作文。等熟练后再让他独立阅读整本书。

第二，注意定期总结和反省，"复述"这一块做不好没关系，复述水平是可以不断提高的，要和孩子一样坚持到底。

康奈尔笔记法——让孩子正确记笔记

我们在陪伴孩子成长的过程中会发现他们的学习方法是不断精进和变化的，仿佛是进阶游戏，在不同的阶段，他们会更新经验，改变学习策略。世界万物都在变化，孩子的学习方法也在改进。只有在实践中不断改变想法，融入多方位思考，才能做出最适合自己的学习规划，从而找到更高效的学习方法。

从一年级开始我们就鼓励孩子记笔记，无论是预习笔记还是课堂笔记，他们都在大量的实践中总结出了一套记录笔记的心得。进入五年级后，我们有必要跟他们分享一个可以有效帮助梳理所学知识的方法——康奈尔笔记法。我们可以鼓励他们学以致用，自己先检验一下这种方法是否有用，再决定要不要采用。

什么是康奈尔笔记法呢？康奈尔笔记法是全世界公认的最好用的笔记法之一。它是由康奈尔大学的沃尔特·鲍克教授提出的。它包含五个步骤，即记录（Record）、简化（Reduce）、复述（Recite）、思考（Reflect）和复习（Review）。因此，康奈尔笔记法又叫5R笔记法。下面让我们来具体看下每一步需要怎么做。

康奈尔笔记法将笔记分为三个部分，分别是线索栏、笔记栏和总结栏。具体分布见下图。

```
┌──────┬──────────────┐
│线索栏│笔记栏        │
│      │              │
│      │              │
│      │              │
│      │              │
├──────┴──────────────┤
│总结栏                │
│                      │
└──────────────────────┘
```

家长可以让孩子按照上图的样子先在笔记本上画两条线，将一张纸分割出三个区域，画好后再按照以下内容开始学做笔记。

（1）记录。笔记栏是康奈尔笔记的主栏，孩子可以将学习内容按照顺序写下来，可以标出重点和难点，记录时可以用不同颜色的记号笔区分，做好标记。

（2）简化。写完一篇笔记后，要尽快抽时间简化所学的内容。可以用简练、概括的语言归纳笔记栏的内容，也可以是问题、提示、想法等，然后将它们记录在线索栏中。

（3）复述。这是记笔记的关键，复述时要用手或物件遮住笔记栏的内容，然后根据线索栏的提示进行复述。复述时要尽可能还原笔记栏的学习内容。

（4）思考。将所学内容的总结，学习中遇到的问题、思考、启发以及接下来的学习规划等都记录在总结栏。

（5）复习。笔记记好后，不要束之高阁，一定要定期复习翻看。翻看时可快速复习笔记内容，先看线索栏，再看笔记栏。

康奈尔笔记法可以让笔记页面模块化，将知识系统化，不仅能帮助孩子高效率地梳理所学的内容，还可以让孩子学会记笔记和利用笔记高效复习。下面让我们看一看我的邻居是如何将康奈尔笔记法分享给孩子的。

邻居任阳的儿子小康不排斥记课堂笔记，课上没有记录下来的，也会及时利用课后时间整理好。他记得非常认真，可复习时却很少翻看，原因就是每一篇笔记都得记太满了。虽然他记录得很有条理性，也用不同颜色的笔做了标记，但看起来还是密密麻麻的，让人望而生畏。

小康升入五年级后，随着课业的增多，他在课堂上要记录的内容越来越多，如果继续按照以前的方法记录，效率势必会很低。于是，任阳就跟小康分享了自己的笔记，他说："单位需要我做培训时，我就会按照康奈尔笔记法来做培训笔记。就像这样，在一张纸上面距离左侧边大约三分之一处画一条竖线，到距离下边四分之一处停止。然后在竖线下画一条横线，与竖线相交，将一张纸分成三个区域。"他先给孩子看了自己写的笔记，又翻到一张空白页画了两笔，接着给他讲述康奈尔笔记的使用方法。

小康仔细看了看任阳的培训笔记，说："爸爸，我觉得您写得很清晰，让人一目了然。我以前都将想法写在笔记右侧的空白处，感觉很乱，所以不太想看。"

任阳说："你可以自己试着画一个图表，熟悉一下康奈尔笔记法的步骤，明天上课应用一下，如果对你有用，你以后就可以采用这种方法记笔记啦！"

小康拿出英语课本说："我现在将昨天做的课堂笔记改一下。"半小时后，他拿着笔记本跑过来说："爸爸，我做好了，这样做果然很好用。您看，左边是我之前写的课堂笔记，右边是我用康奈尔笔记法写的笔记，我觉得右边的更简洁。"

任阳说："对你有帮助就好，坚持记下去，如果在记笔记时遇到什么难题，咱们可以交流一下。"

小康点点头说："好的，爸爸，咱们可以分享彼此的心得。"

我们在跟孩子分享康奈尔笔记法时也需要讲究方法，最好让孩子了解和看到这种方法的好处，再鼓励他们实践，让他们自主选择，这样效果更佳。

我一直认为良好的亲子关系是需要彼此共同维系的，我们陪伴孩子学习，孩子在进步，我们同样也在成长。在这段关系中，我们可以跟孩子分享人生感悟，也可以分享学习方法。要让孩子知道，其实父母和他们一样，也需要不断学习，更新知识，积累经验，并且也会犯错，会磨蹭，会情绪失控。但我们一直在努力，以自己的方式靠近他们，让亲子关系更融洽，然后共同进步。

我想，这就是不断学习的意义吧，成为孩子的榜样，让他们知道我们一直都在。

第六章
让孩子找到适合自己的学习节奏和方法

每个孩子都有自己的学习节奏和学习方式。有些孩子喜欢快速学习和掌握新知识，而有些孩子喜欢慢慢消化、吸收知识。让孩子了解自己的学习节奏，有助于提高学习效果，让学习更具有针对性。

孩子是学习的主体

很多家长在教育孩子时过分强调自己的主体地位，本应处于配角的我们却妄想在孩子的舞台上发光发热，对孩子学习的事情劳心费力，做了许多本应孩子独立完成的事。这就会让孩子产生一种"假我"意识："学习是为了父母，我只是完成父母愿望的'工具人'。"

想要孩子自主学习，找到学习的内驱力，"工具人"的心态可万不能有。被动学习的动力可以有效一时，却不能驱动一生。我们首先要做的就是让孩子明确学习的主体是谁，他们到底是为了谁而学习。

目前，很多孩子认为学习是为了父母和老师，是父母让他们好好学习的。孩子本身没什么愿望，每天被督促学习，考高分会得到父母的表扬，不及格则会受到批评。久而久之，他们会为了不被批评而学习，也完全不了解学习的真正目的是什么，完全处于一种迷茫状态。

小岳很注重对女儿的教育,对她学习上的事情非常关心。自从女儿上了小学以后,小岳便将生活的重心转移到她的学习上。她会替女儿制订小学的学习计划,规划学习和生活时间,设立学习目标;会比对不同出版社的练习册,从中挑出最好的给她做;帮她整理各科卷子,收拾书桌;还会向学习好的同学和家长请教学习方法,让她去试试……

到了小学五年级后,小岳单方面地认为继续学习舞蹈没有意义,就停了女儿的舞蹈课。女儿对此反应很激烈,吵着要去跳舞。双方的情绪波动都很大,小岳说:"只有好好学习才有出路,你不想考复旦了吗?"谁知女儿喊道:"复旦是您的梦想,不是我的。别把您做不到的事情留给我做!"

从前,小岳上学时的梦想就是考上复旦,她学习一般,考不上,就想将梦想寄托到女儿身上,所以总是和她说复旦如何好,一定要考上这所学校。如今女儿如此说,她虽然难过,但心里知道这是事实。

她食不下咽,心情不佳,也没有再和女儿争吵学舞蹈的事情。女儿见她情绪低落,于是将事情告诉了爸爸。爸爸先是安慰了女儿,然后和小岳交流。他说:"孩子长大了,有独立的意识了,你不能左右她的想法,也不能替她做决定。全职陪读对于你来说压力很大，孩子也是一样，你管得太多，做得太多，她能做的反而就少了，这哪是锻炼她呢？"

小岳此刻的情绪平复了许多，说："我也在反思，把我的梦想强加在孩子身上的确不对，自己都没做到的事，怎么能把希望放在孩子身上呢？"

他接着说："别妄自菲薄，你本身也很优秀，很努力上进，我和女儿都看得到。但是你把女儿学习这件事看得太重，试着放轻松些，把学习这件事交给她去做，让她知道学习是为了她自己。"

小岳也深刻知道了自己的教育方式出了问题，积极反省后，她不再像以往那样帮助女儿学习，而是鼓励她独立思考，自己做事，学习上的事由她自己决定，不再给她施加压力。

其实，现实中有许多与小岳情形类似的家长，对孩子的学习大包大揽。从短期来看，这对孩子的学习有帮助，但时间一长，弊端就会出现。那么，这些家长要做哪些改变呢？

（1）学习的主体是孩子，家长只是辅助。要明确自己的地位，不要过度干预，应该给孩子自主学习的机会。

（2）不要把自己的梦想和目标强加在孩子身上，要顺其自然，别给孩子太大的压力，要看淡学习成绩。学习好，就给他们向云而冲的机会，全力支持；学习不好，就尊重他们的选择，肯定他们的努力，让他们承欢膝下。无论学习好坏都要让孩子快乐成长。

（3）让孩子多走一些"弯路"，摸索着前进会更有效果，让挫折去锻炼他们的意志。

诚然，学习并不是孩子未来唯一的出路，生活就是"条条大路通罗马"。不过，想要抵达心中的罗马城，学习就是捷径，我们要让孩子知道这一点，学习可以给他们更多的选择。

善于利用神奇的错题本去归纳和总结

唯物辩证法认为实践是检验真理的唯一标准，学习知识亦是如此。学生在学习和吸收书本知识的同时，也需要用大量的习题来检验所学的知识是否扎实。

无论成绩如何，学生总会做错题。不过做错题不要紧，重要的是如何对待这些错题。在这里就给大家介绍下对学生而言较为神奇的"错题本"。

很多家长认为学生整理错题本很浪费时间，与其花时间整理，不如研究下怎样正确解答，掌握错题背后的知识点。但从长远来看，学习知识需要定期梳理、归纳和总结，而错题本可以提高孩子的归纳和总结能力，让孩子更好地吸收所学知识点，找到自己的薄弱板块，从而集中攻克。

下面我们来看一个案例，看看这个小学生是如何对待错题本的。

小熙进入小学后,老师就让家长督促她整理错题本。小熙很听话,整理时很认真,做到字迹工整,一笔一画,还用不同颜色的笔标注了正确答案和涉及的知识点。每次考完试,她都第一时间将做错的题整理在错题本上,非常认真,学习状态也非常好。

可是整理错题本的效果却不明显,小熙做错的题依旧很多,有些还会重复做错。时间一长,她倍受打击,认为整理错题本没用,而且还浪费时间。

小熙决定不再整理错题。一个月后,老师检查错题本,发现她的本子是空的,于是将这件事告诉了家长。

小熙妈妈了解了情况后,找了一个周末带她出去玩儿。休息之余,妈妈和小熙聊天。提到错题本时,小熙说:"妈妈,我觉得错题本没有用,成绩一点儿都没提上去,而且写作业的时间也不够了。"

妈妈说:"错题本整理好后,你有定期复习,翻看上面的错题吗?"

小熙摇摇头说:"没有,我一学期整理出来的错题太多了,没有时间看。"

妈妈笑着说:"小熙,整理错题本并不只是将错题转移到一个本子上。我们要做到的是弄懂错题的知识点,学会正确解题,然后举一反三,真正掌握它。错题整理好后要定期研究,找到错误的规律,再进行归纳。就是将同类的错误找到,放在一起学习,总结出你做错题的原因,正确的解题思路是什么,下次遇到同类的题时才能做对。"

小熙恍然大悟:"哦,原来是这样,我只是将做错的题放在一起,没想那么多。"

妈妈又说:"小熙,这只是我对错题本的看法。你可以自己琢磨一下,或者和班里成绩好的同学探讨一下,吸取经验,再找到适合自己的方法去整理错题。"

小熙点点头:"好的,我去问问晓意,老师还夸过她错题本整理得好。"

错题本的作用很神奇:如果利用得当,它就会变成一本学习秘籍,指引孩子攻下学习道路上的一个个关卡;如果利用不得当,就会像上文中的小熙那样做无用功。

小学时期的孩子还处于学习习惯的养成阶段,很多学习习惯的养成需要家长来引导。那么,家长在引导孩子整理错题本时需要注意哪些问题呢?

(1)要让孩子知道整理错题本并不是家长刁难或惩罚他。要让孩子真正理解整理错题本的意义,少一些命令和要求,多一些引导和建议,让孩子从被动整理转变成主动思考,优化自己的错题本。

（2）整理错题本只是表面行为，家长要引导孩子吃透错题背后的知识点。回归书本掌握知识，再延伸到错题本身，找出正确的解题方法。

（3）要告诉孩子错题本整理好后不可束之高阁，而要合理利用。要根据自己的实际情况删减和增加错题，定期梳理。比如，已经理解透彻的题可以移除，尚未理解透彻或依旧不会的题还需要着重对待，重新整理。利用得当的错题本应该是由薄变厚，再由厚变薄，良性循环的。

（4）每个孩子记录错题的习惯不一样，家长可以给孩子建议，但不能强制孩子按照自己的意愿进行整理。要让孩子自己摸索出适合自己的错题整理方法。记住，最好的不一定是最适合的，而最适合的才会让孩子把错题本的作用发挥到最大。

（5）让孩子尽量把字写工整，题目、错误做法和正确的答题思路必不可少。另外，还可以标明蕴含的知识点、延伸知识点和其他解题方法，以提高孩子的思考能力。

整理错题本的过程也是孩子检验和巩固所学知识的过程，同时也能引导孩子正确对待错误，端正学习态度。当孩子看到考试卷上的红色"×"，第一反应由"唉，又做错了"转变成"哦，有一个知识点没掌握。没关系，再学一遍就好"时，错题本的神奇就体现出来啦！

让孩子找到适合自己的学习方法

很多家长对学霸的学习方法有一种执念，他们认为只要是学霸的学习方法，那就是优秀的、高效的。因此，他们乐此不疲地四处奔走，只为给孩子求得最好的学习方法。

那么，什么才是最好的学习方法呢？很多家长认为好的学习方法应该有这样的作用：提高学习成绩、节省学习时间、掌握知识更扎实、提高排名更靠前。可他们忘了，学霸的学习方法固然好，但它是否适合自己的孩子呢？

每个孩子的学习节奏都是不一样的，都有自己的学习习惯和方法，学霸的学习方法对其他孩子不一定有效。举一个例子，学霸A认为学以致用最为重要，要善于利用已学知识，做题求精，要会举一反三，他靠这个方法一直稳居年级排行榜第一名。各位家长在得知他的学习方法后纷纷让自己的孩子效仿。但效果一般，有时精益求精地研究一道题反而做错了，究其原因是基础不扎实，很多数学公式也都没有理解透彻。

为什么结果会是这样呢？原来学霸A的数学水平在奥数小组中都是翘楚般的存在。精益求精、学以致用的方法对他来说更高效。但对于一般的孩子来说却毫无用处，他们的学习重点应该放在基础知识上，先夯实基础，再求应用。

所以，孩子要找到最适合自己的学习法。

刘然是重点大学硕士毕业，她非常重视孩子的教育。为了能让孩子高效学习，考入重点初中，她经常跟女儿分享自己当年的学习方法，还会利用空闲时间提前整理小学的学习笔记，让女儿借鉴和学习。她认为自己的教育方式无懈可击，可女儿却不这样认为，学习成绩很一般。

进入五年级后，刘然发现女儿有些叛逆的迹象，不再和她分享心事，放学回家会将自己关在房间里。在学校的表现也不好，不爱说话，甚至出现不合群的情况。为此，她和女儿的老师进行了深度沟通。老师对她说："孩子最近的压力很大，她曾经跟同学说过，她的妈妈太优秀，她感觉很自卑，觉得妈妈应该更喜欢聪明的孩子。我看过你给她分享的学习方法，包括课堂笔记。我个人认为，对于一个小学五年级的孩子来说太过深奥，她可能吸收不了。"

刘然了解完女儿的情况后进行了反思，她意识到自己的帮助对于女儿来说只是压力。于是，她不再强迫女儿使用她推荐的学习方法，而是鼓励她按照自己的习惯和节奏去学习。

刘然发现，在她不再以学霸的标准来要求女儿学习后，女儿的状态反而变好了，学习成绩也在慢慢提升。

其实，很多家长都会出现类似刘然的问题：为了让孩子少走一些弯路，直接用被他人验证过的学习方法来学习。殊不知他们忽视了孩子并不等同于他人，每个孩子都是独一无二的存在，所以学习方法也需要因人而异，因人制宜。那么，怎样才能让孩子找到最适合自己的学习方法呢？家长可以从以下几点着手。

1. 尊重孩子的学习习惯，放手让他们自己摸索和总结出适合自己的学习方法

很多学习方法和经验要自己去摸索才能记忆深刻。当孩子的方法看起来很笨，甚至效果不好，浪费时间时，我们不能急于否定和打击，要鼓励他们自己去探索、去寻找。适合自己的学习方法一定是在长期的学习中总结出来的。我们不要代替孩子四处奔波寻求学霸的学习方法，而应将思考和实践的机会交给他们，让他们不断更新，找到最适合自己的学习方法。

2. 鼓励孩子和同学交流学习经验

我们要鼓励孩子和同学交流，分享彼此的学习经验。比如：怎样快速理解文章？怎么背单词更节省时间？数学学习应该注重什么？语文作文怎样才能写好？让孩子在交流和探讨中积累学习方法，然后经过实践来验证是否有效，最后取其精华，去其糟粕，留下最适合自己的加以练习和实践。

3. 告诉孩子学习方法是要及时更新的

我们要鼓励孩子积极尝试新的方法，让他们进步，快速成长起来。学习不能因循守旧，要让孩子懂得创新，勤于思考。

相信每一个孩子都会找到最适合自己的学习方法，我们要做的就是鼓励和支持，做他们最强有力的后盾。

规划学习时间，学会时间管理

随着课业的增加，很多进入高年级的孩子会感到学习时间不够用，完成作业的时间也越来越晚。孩子休息不好，家长也劳心劳力。所以这个时候就要给孩子普及时间管理的概念了。

时间是什么？它是一直在流转，不会有片刻停歇的；是光阴似箭、白驹过隙；也是"逝者如斯夫，不舍昼夜"。我们不能左右时间的流逝，也不能让它停留，我们能做到的就是在正确的时间做正确的事。

小彭发现女儿菲菲最近写作业经常到晚上11点，她担心这会影响女儿第二天的上课状态，于是找了机会和她沟通。她问："你最近写作业总写到很晚，是不是老师留的作业太多了？"

菲菲想了想，摇摇头说："应该不是，我同桌就能够按时完成，她每天晚上8点就写好了。"

小彭问:"那你为什么比她晚3个小时呢?这也太夸张了,你有想过为什么吗?"

菲菲说:"我和同桌聊过,她会给自己规定写作业的时间。就像考试一样,要在规定的时间内完成,不能拖延。而我没有,我写作业之前要先复习,要花很长时间去看课堂笔记。"

小彭接着说:"所以,你看笔记的时间比做作业的时间长,对吗?可是课堂笔记你是按照康奈尔笔记法做的,复习起来应该更节省时间才对,为什么你用的时间反而更长呢?"

菲菲说:"我看笔记时总觉得时间还够用,所以要么想吃点儿东西,要么想看看其他的。我也不想这样,可我控制不住自己的行为,总是不自觉地溜号。妈妈,您有什么办法帮我吗?"

小彭想了想,说:"写作业先看课堂笔记是没有问题的,你需要做的是约束看课堂笔记的时间。一旦开始看就别停止,不要做别的。只有控制好自己的行为,才能管理好你自己的时间。"

接下来,小彭和菲菲一起为课后学习时间做规划。我们来看看她们是如何做的吧!

第一步,规划课后的时间,按照时间计划表行动。小彭鼓励菲菲自己制订时间计划表,将课后需要做的事情列一张清单,然后将清单写在时间计划表里,表里包含事件、预计耗费的时间、完成度，将各科的学习时间规划好。

第二步，复习的时间要严格按照时间计划表走，其间他们用了番茄钟学习法，用25分钟的时间巩固和复习知识，时间过了就要停止。接下来写作业，遇到不会的题标记下来，不要停留，直到完成作业。菲菲在番茄时间开始的那一刻就紧张起来，全身心地投入到复习当中，没有溜号，有一种考试的紧张感。虽然起先她在一个番茄时间到了时没有复习完，但经过一段时间的练习，她已经可以提前完成任务了。

第三步，定期反省和总结，找出不合适的计划并加以改进。比如，菲菲将各科的作业时间规划成同样的时间，造成有的学科时间富富有余，而有的时间却不够。解决办法就是按照作业量重新规划时间，并且按照重要程度进行排序，提高作业的完成效率。

经过一段时间的实践，小彭发现菲菲做作业的效率大大提升。菲菲尝到了规划学习时间的甜，也不觉得学习很苦了。她发现只要做好规划，管理自己的行为，就可以做很多事情。

除了规划课后的学习时间，小彭还给女儿介绍了几个时间管理方法，比如四象限法则、帕累托法则和吞青蛙法则等。

下面我们来看一下这几个时间管理方法是如何操作的。

1. 四象限法则

让孩子将要处理的事情按照重要、不重要、紧急、不紧急的排列组合分为四个象限。

第一象限是重要且紧急的事情，这类事情要优先处理。比如老师今天布置了作文作业要明天上午必须交，因为这些作文是要给校园报纸供稿的，明天老师要审核，这类事情就是既重要又紧急的，需要立即做。

第二象限是重要但不紧急的事情。比如各科的复习很重要，但不急于一时，要做长期计划，徐徐图之。

第三象限是紧急但不重要的事情。比如动画片马上要开播了，这件事紧急但不重要，可以在有时间的时候再看。

第四象限是既不重要也不紧急的事情，处理方法是尽量不做。

2. 帕累托法则

帕累托法则也被称为80/20时间分配法。简单来讲就是让孩子将精力和时间放在20%的事情上，让这20%产生的效率带动80%的发展。

比如题海战术的应用，有些孩子觉得有用，有些孩子则是在做无用功。觉得有用的孩子就是抓住了题海当中那20%重要的部分，是掌握了题型、做透了公式、完全掌握了题目中的数学知识，他们的题海是题型的题海。而另一部分孩子则是做了80%的无用功，做的大部分题都是重复的。最后学会的也只是一个题型，甚至换一种思路就又不会做了。我们要引导孩子抓住那20%的重要部分，真正学会题目背后隐藏的知识点，做题在于质，而不在于量。

3. 吞青蛙法则

吞青蛙法则适用于偏科的孩子。对于偏科的孩子来说，薄弱的学科就是那只一定要吞掉的青蛙。偏科不可怕，如果遇到了不要逃避，也不要盯着它看，最好的解决办法就是一口吞掉它。偏科就相当于缺一块的木桶，一定要及时修补，攻克最难的学科，那样孩子的学习才会更高效。

我们常说"时间管理"，其实我们能够管理的是自己的行为，借助时间的媒介让孩子更自律。希望所有的孩子都能和时间成为朋友，并在有限的时间里更高效地学习。

第七章
抓住小学最后的冲刺阶段

小学六年级是小升初的关键时期，这时的孩子更需要家长的帮助和引导。帮助孩子发现学习的短板，通过有针对性的补习进行加强。总之，这一阶段就要不断巩固学习到的知识，并找出不足之处。好成绩才是硬道理。

夯实基础才能事半功倍

孩子的学习就像倾注时间和精力去盖一栋高楼大厦，基础知识是地基，地基打得好，高楼才会更坚固；如果地基薄弱，整座大楼则存在随时倾倒的风险。对于小学六年级的孩子来说，夯实基础知识才是学习的关键。

张瑶最近在检查孩子作业时，发现孩子对任何知识都懂一点儿，但理解不深，相当于会一半，但另外一半全靠猜。比如英语科目：他在做名词变复数的题时，在单词的末尾一律加"s"；词组固定搭配记得不牢；单词拼写错误很多，等等。又如做数学题时，不是记错公式，就是计算错误。他的问题一言以蔽之，就是基础知识掌握得不扎实。

于是，她针对孩子的薄弱项跟进了他的复习，让他把精力重点放在书本上。但是儿子却反驳道："妈妈，现在六年级的孩子都需要拔高训练，多做课外题。我同桌昨天又拿了一本课外练习册做，妈妈，您也给我买一本，我也要做，我得赶上他。他学习那么好，他做什么，我就做什么。"

张瑶首先肯定他主动做题的行为，然后跟他分析道："你同桌是班级第一，各科成绩都很好，你向他学习完全没有问题，但学习方法要调整一下。他将书本知识都学透了，每一道练习题都会做，课本的练习题满足不了他的需求，所以要做课外练习册。"

儿子似乎听出来妈妈的意思，不服气地说："我也学会了，我也需要课外练习题。"

张瑶笑了笑，没有反驳。她拿出数学课本，翻开他学过的地方，指着一道练习题说："那我们做一个实验吧，如果你能把这两道题都做对，我们就马上出发去书店买练习册，想买几本买几本。"

儿子兴致勃勃地拿起笔做题，十分钟后，他不好意思地看着妈妈说："这两道题我不会做。"

张瑶拿出他刚才做的作业说："这道题跟课后这道例题是一样的题型，你做错了，我认为你可能需要再巩固一下书本知识。除了数学，英语你也需要多背一下单词、固定词组，多理解和整理一下语法知识，把这些都学会弄懂了之后再想课外练习册的事情。"

儿子点点头，说："妈妈，您说得对，我同桌也跟我说过我暂时不能做课外题,我应该先把课本上的题学会。"

张瑶说:"嗯,考试时,基础知识占比是很好的,这一部分题我们要保证拿到手,拔高的部分要慢慢来,别心急。"

六年级的学习的确可以加入拔高训练,但是这要在基础知识掌握充足的前提下进行,不然拔高也会变成揠苗助长。学习还是要以基础为主,家长在陪孩子学习时也要注意这一点儿。那么,想要让孩子夯实基础,家长需要做什么呢?

1. 回归课本,基础扎实后再有选择地做课外练习题

小升初时,每位家长都希望孩子以优异的成绩进入初中。但是这个时期不宜做大量的课外题。我们要让孩子将精力放在课本本身,回归课本,夯实基础。每个孩子对基础知识的掌握程度都不一样,因此,我们也要因人而异,针对不同的孩子使用不同的方法,不要觉得看课本内容,做课后习题浪费时间,只有真正将书本知识"吃透",做题时才会事半功倍。

2. 继续加强良好学习习惯的培养

这个时期,家长仍要注意加强孩子良好学习习惯的培养,包括上课认真听讲,跟紧老师的讲课节奏,积极和老师做互动,用心预习和复习,等等。此外,也要让孩子调整好作息时间,不要

因为学习而忽略休息,要劳逸结合,坚持户外活动,让孩子有强壮的身体,那样学习效果会更好。

3. 基础搭建要慢慢来,家长和孩子都不要着急

很多孩子为了快速完成老师和家长布置的作业会想当然地做题,追求速度而不顾质量。这时我们要让孩子知道,做一道题就要会一道题。如果发现做错了或完全没有思路,不要继续下去,可以停下来将知识理解透彻后再做题。

对于任何一科的学习,基础知识都是关键。我们在做家庭教育时要让孩子意识到这一点,基础知识掌握得扎实,学习效率会更高。

有计划地系统复习必不可少

小学六年级是小学阶段最关键的一年,它不仅是毕业年,是重要的时间节点,更是小升初的承接年。因此,我们要重视孩子六年级的学习规划,让孩子更系统地复习,高效利用时间。

小升初的复习计划大致可分为三个部分。

1. 利用暑假快速复习以前学过的内容

进入六年级前,不要着急让孩子预习六年级的课程,而要制订计划复习以前学过的内容,加固基础知识在孩子脑海中的记忆。家长可以和孩子一起利用假期的前半段时间进行复习,将重点放在书本的基础理论和错题本上,每天抽出2~4个小时进行复习。

这一轮复习是对从前学过的知识进行排查的过程,遇到模棱两可或理解不透彻的问题可以重新记在笔记本上,重点学习,直到学会为止。

暑假的后半段时间可根据孩子的情况预习小学六年级的课程，背单词、读课文、理解公式，按照学科有计划地预习。

2. 六年级知识的系统复习

六年级知识的系统复习，可分为三个阶段：第一阶段复习要全面，第二阶段复习抓重点和难点，最后一阶段的复习侧重点在于拔高。

我们可以根据艾宾浩斯遗忘曲线所体现的记忆和遗忘规律制订复习计划，先制订周计划，每周回顾本周所学的知识，每四周进行一个总结，对所学知识进行月度梳理。等到六年级下半年开始系统性全面复习时，我们就要重新划分复习阶段。从全面到重点，再从重点统筹全局，将知识一点点学透。它可以分为以下三步。

（1）全面复习，快速整理所学的知识点，从课本出发，牢记基础知识。在这期间可以做适量的习题，做单元训练，检查时要准备一个复习笔记本，专门记录没学透彻的知识点。

（2）以上一步中的复习笔记本和平时课堂笔记中的重点和难点为复习侧重点。将精力放在查漏补缺上，哪里不会就重点复习哪里。

（3）这一阶段是拔高训练，专攻难题和大题，家长可根据孩子的情况量力而行。

3. 利用小升初暑假进行复习和预习

小升初的暑期可以让孩子适当放松一下，无论考试成绩如何，先稳定孩子的情绪，放松心情，可以带孩子出去走走。等孩子心态变好后就可以进入学习状态了。首先，要分析小升初考试中遇到的难题、错题。其次，针对不足点做练习，复习错题涉及的课本知识，再做习题进行巩固。最后，预习初一的课本知识，鼓励孩子自主预习，做好初中的学习规划。

小学阶段的结束，意味着初中阶段即将到来。人生任何一个阶段都应该做好规划。就是我们要让孩子认识到做规划的好处，鼓励他们主动朝着心中的目标努力前进。

注意各个学科的学习侧重点

六年级孩子的心智逐渐趋于成熟，他们可能已经找到适合自己的学习方法，并且可以高效地预习、复习。学习是厚积薄发的过程，需要坚持不懈，日日努力才行。我们要做的就是相信、鼓励和支持他们，给他们营造自主学习的环境。

当然，我们依旧可以和他们一起规划六年级的学习，抓住各个学科的学习侧重点。

1. 语文学科

语文学科依旧要侧重于阅读理解和作文写作的练习，具体可分为以下三个方面。

（1）扩展阅读面的同时掌握遇到的生字和生词，学会运用新词造句；新颖的句子要重点理解，体会作者写作的语境以及表达的思想感情；最后可练习仿写，比如用相同的修辞手法描写人或物。

（2）阅读理解要做精，不可泛泛而读或对所写的文字一知半解。阅读时要带着问题，多思考。鼓励孩子总结阅读理解里面所涉及的题型，归纳每个题型的答案框架，在理解的基础上记住答题要领。框架知道了，接下来就是对内容的把握了，想要答案不跑题就需要多做一些练习，培养语感。

（3）写作方面要积累大量的素材，除了让孩子从课本和课外读物上获得写作素材外，还要引导孩子从现实生活中积累写作素材。比如，在生活中多观察，善于从身边的小事中领悟，发现温暖，见证善良，看得到生活中的美和爱。感人的文章来自生活，同时也高于生活。我们要经常和孩子聊天，鼓励他们将所见、所闻、所感记录下来。

2. 数学学科

关于数学学科，六年级进入总复习后，家长可以从以下几个方面着手。

（1）在复习的过程中，鼓励孩子将小学阶段的公式和定理进行归纳和总结，整理所学的数学知识，让知识形成网络。不要觉得麻烦，也别代替孩子去整理，整理的过程也是在巩固。整理时要挑精华，以简洁为主。

（2）用习题去检验对所学知识的掌握程度，查漏补缺。这个时期不主张题海战术，做一张卷子就要做透彻，完全掌握这张卷子所涉及的数学知识。着重分析错题，弄清原理、做错的原因、正确的解题思路，以及有没有其他解法等。

（3）做错题很正常，尽管很努力地复习，孩子还是会有掌握不好的知识点。所以家长要时刻关注孩子的心态，当孩子受到打击时，我们要及时开导，要让他们和我们一样有信心。

3. 英语学科

英语看似很难，一旦入门，它将会是提分最快的一门学科。这里还是要提到兴趣问题，想办法让孩子对学英语感兴趣，比如做一些英语趣味游戏、设立每周家庭英语日等，让孩子发现英语学习的趣味性。六年级的英语学习侧重点可以分为以下几点。

（1）英语学习要注重口语练习，鼓励孩子开口讲英语，大声地读课文，反复朗读，和同学练习对话。别怕说得不好听，说得不对，口语就是在练习中提升的。

（2）将常用的对话、句子背下来，里面涉及的单词要会拼写，会应用。英语单词和常用句式要反复记忆、日日练习，熟能生巧才会有进步，要坚持下去。

（3）尝试使用多种方法进行英语学习，可以上外教课，看英文动画片、电影，也可以读英语报、杂志，将英语频繁地应用于生活，做到能说、会写。

（4）关于英文写作的练习，首先要学会审题，读懂作文的要求，快速确认写作方向，是写信还是写留言条，里面必须要有的内容有哪些，做一个基本的构思。然后将自己熟知的句式应用在作文中，如果不会用高级单词和长句，可以用简单而正确的句子将要写的内容用英文表达出来。

小学六年级的冲刺复习也要注意学科的查漏补缺，有些孩子偏科，家长要格外注意孩子薄弱的学科，重点关注，引导孩子主动学习，补齐短板。

第八章
小升初的准备工作要做好

这一时期的孩子学习压力加大，步入青春期后，情绪波动会更大。家长需要帮助孩子调整心态，规划小升初的复习，高效学习，提高学习竞争力。

家长在关注学校的同时要注意稳定心态

孩子进入小学六年级后，小升初的紧张感会顿时弥漫在学校和每一个家庭中。在学校，老师会拉紧孩子心中学习的那根弦，一则是让孩子更好地应对小升初考试，二则是让孩子提前适应初中的学习节奏。在家里，家长开始紧锣密鼓地将择校任务提上日程，查阅各个学校的资料。

在这个特殊的时期，很多家长容易出现心态上的问题。比如，对孩子的分数越来越敏感，担心孩子考不出好成绩、上不了理想中的学校，而这种紧张感和压力势必会对孩子产生影响。

尤其六年级的孩子已经进入青春期早期，他们的自主意识越来越强烈，思考和做事都很自我，凡事都渴望被尊重、被理解，希望有自主选择权。生理和心理上的变化促使他们在学习和生活中更容易受他人的影响，比如会情绪波动，甚至失控，心态不平和，容易崩溃，以致影响学习。

如果你的孩子也正处在这个阶段，那么最恰当的做法是什么呢？

1. 关注学校的同时也要稳定自己的心态

无论小升初的政策如何变化，我们要明确一点，孩子自身的学习力才是最重要的竞争力。名校可以是锦上添花，但不要过分执着。

2. 在张罗孩子小升初事宜时要注意自己的言行和态度

心态会表现在态度、表情和语气等方面，因此我们要保持平和的心态，也需要管控好自己的各种情绪，不要影响孩子学习。

3. 告诉孩子爸爸和妈妈永远是他们的后盾

这一年要多给孩子陪伴，帮孩子建立自信，多鼓励，少批评。

家长的心态决定孩子的学习能力。我们要拥有一颗强大的心，并且用实际行动告诉孩子，让他们心无旁骛地学习，勇敢地展翅飞翔，我们正与他们同行。

孩子的学习力才是第一竞争力

或许从孕育生命的那一刻起，就有一连串的问题萦绕在我们的脑海里："我们能给孩子带来什么？又能给他们留下什么？我们能否教育好自己的孩子？"为人父母者，都希望孩子可以健康、快乐地成长，想要他们在学习和生活上都可以少走一些弯路。因此，我们希望给予孩子更多，想要尽自己最大的努力给他们提供最好的教育。

那么，什么是最好的教育呢？

冰心曾经说过："孩子要像野花一样自然生长。"一朵在大自然中自由绽放的野花，经历自然界的风吹雨打后，她的生命力会更顽强，更有韧劲儿。而我们给孩子提供的家庭教育也应该如此，要提供机会让他们自然生长，掌握适应生活和学习的必要能力。

小学六年的教育关系到孩子今后的发展，它至关重要，也是孩子人生中的重要阶段。而小学六年级是承接更高年级的转折期，在这个重要的人生节点，我们更要明确一点：孩子的学习力才是可以陪伴他们一生的重要能力。孩子学习力越强，其竞争力就会越强。

孩子升入小学六年级后，我们要抓住机会引导孩子提升自身的学习力，为升入初中以及更高年级做准备。那么，学习力都包括哪些方面呢？

1. 学习知识的能力

家长还是要将培养孩子的自主学习能力放在首位，让孩子养成高效学习的好习惯。在六年级开始时就可以鼓励孩子确立一个学习目标，细分到各个学科，都要努力达到什么样的水平，考多少分数。再针对目标制订学习计划，用适合自己的学习方法努力学习。家长在关注初中院校的同时更要注重孩子的学习，帮助他们平稳地度过小学的最后一年。

2. 适应环境的能力

学会尽快适应变化的环境也是孩子需要掌握的能力。变化是伴随人们一生的，他们终其一生都要适应不断变化的生活、学习和工作环境。从此刻看，他们要适应小学六年级的"冲刺年"，要改变从前的学习节奏，加快学习和复习速度。接下来就是需要适应初中的学习和生活环境，有些孩子还会成为住宿生，他们要包揽生活的一切，自己照顾自己。再往长远看，他们会进入大学，参加工作，而拥有很强的适应能力就能让他们过得更加幸福、快乐。

3. 接纳自己的能力

让孩子学会接纳自己，就从接纳自己的不足开始。世上本就没有完美的人，只有不完美才是真的完美。万物皆有裂痕，那是光照进来的地方。尽早培养孩子接纳自己的一切，包括感知自己的所有情绪，无论悲伤、害怕、恐惧、嫉妒，都要切实地感知，然后接纳它们，并知道如何让自己从负面情绪中走出来，恢复平和的心态。同时也认识到自己的缺点，承认它存在。做错了不要紧，及时改正就好啦！要给自己积极的心理暗示，向内塑造自己的内心，向外练就自己的勇气。

4. 承受挫折的能力

每位父母都希望自己的孩子这一生不会遇到挫折，也不会经历失败，顺顺利利、和和美美地过完这一生。但现实却不会这样，挫折和坎坷必然会出现，会成为孩子人生路上的绊脚石。因此，我们不要过分地保护他们，要给他们磨炼的机会。当考试失败、和同学发生争执或者被欺负等情况发生时，我们要让他们知道该怎么应对。我们要教会他们如何面对挫折，走出失败。

5. 人际交往的能力

我们要教孩子学会与他人相处，告诉他们任何一段良好的关系都应是促使双方进步的。

我们常说"授人以鱼，不如授人以渔"。引导孩子增强学习力就是让他掌握一项技能，也就是我们所说的"渔"，是方法。学习力是一种不断提高和完善的能力，它不仅代表学习课本知识，考出好成绩，还包括生活中其他方面的学习。我想，孩子的学习力就是我们教给他们的最好的教育，是他们的宝藏，更是他们自然生长的肥料。

现在，就开启孩子学习力的启动模式吧！让他们提升各个方面的学习力，增强竞争力！

考前焦虑需及时调整

面临升学考试，一些心理承受能力较差的孩子会出现考前焦虑症状。他们大多表现为睡眠质量不好、考前失眠、食欲不振、上课走神儿、复习知识记不住，大脑一片空白。如果孩子出现以上症状，家长就要想办法干预了，要引导他们从考前焦虑中走出来。

有些家长很不理解："一个小学生能有什么压力呢？""那些焦虑是不是他们为了不想学习装的啊？"切记！我们万不可如此揣测孩子。孩子出现焦虑症状是他们向外界发出的预警信号，家长在接收到信号后应予以重视。

一般来说，孩子的压力主要来自两个方面。一方面来自家长和老师。他们希望孩子考试成绩高，考上好学校，孩子感到很吃力，担心达不到他们的期望。另一方面来自孩子自身。他们抗压性差，心理承受力不强，再加上自身的知识掌握得不好，就更加害怕考试。

小樱在面临小升初考试时就出现了考前焦虑的症状,她在平时考试前就有些紧张,担心自己考不好。在走近考场时会心跳加快,甚至拿到考试卷子时双手都在发抖,直到做题30分钟后才好一些。小升初考试很重要,所以她更加紧张,在做考前复习时,她大脑一片空白,合上书本时,她发现以前学的知识一点儿都想不起来。于是她崩溃了,回到家后,她躲在卧室里面哭了起来。

妈妈安抚好小樱的情绪后,和她深入沟通了一下,然后从老师和同学那了解她近期在学校的状态。她这才知道原来小樱一直都害怕考试。因此她决定认真对待,努力开导她的心情,缓解她考试紧张的心理。

她想起从前对女儿说的话,她希望女儿各科成绩都在95分以上,要以优异的成绩考上中学。她以为这些期许都会成为孩子学习的动力,没想到她的压力那么大。于是,她转变了教育方式,不再过分看重分数,而是引导孩子正确对待考试,不给自己太大的压力。告诉她考试很寻常,考不好也没关系。考试是检验知识掌握程度的手段,哪里没学好,再继续努力就好了。

在妈妈的疏导下,小樱的焦虑情绪得到了缓解。

如果孩子出现了考前焦虑情况,家长可以从以下几点着手。

（1）缓解孩子的情绪，了解真实情况。语气要温柔，切不可强势，也不能忽视。

（2）反省自己的教育方式，不要给孩子不合实际的期许，那对孩子来说是压力。

（3）鼓励孩子按照自己正常的复习习惯学习，查缺补漏。

（4）帮孩子找到缓解考试紧张的小方法。

比如，考试前，可以带孩子提前去考场看一看，熟悉考场的环境。

考试时，如果感到紧张，可以让孩子试试深呼吸法：深吸一口气，再长长地呼出去，反复3~5次。此外，还可以让孩子借助心理暗示法，对自己说："放轻松，我可以的！别紧张，这只是普通考试。"让孩子自己给自己鼓励。

孩子在考试前有适度的焦虑感也很正常，家长要告诉孩子不要担心，也别纠结考试结果。另外，还要告诉他们，如果有心情不好、过度紧张、压抑想哭等状况时，不要自己一个人承受，要将自己的困难和感觉说出来，爸爸和妈妈会和他们一起解决。

孩子需要掌握的应试技巧

似乎从孩子出生开始,"考试"这个词就时常出现。无论是生长发育情况的"体检考试",还是上学后的各种测验考试,抑或是将来进入职场后的绩效考核,考试可以说是无处不在。如果说考试是人生当中各个节点必须要"吞掉的那只青蛙",那么我们就要想办法让孩子正面回应,一口吞掉它。

在日常学习中,我们都知道要让孩子高效学习,找到学习的技巧。考试的过程也很重要,同样需要技巧,就是我们所说的应试技巧。

很多孩子平常学习表现很好,一到考试就发挥不出正常水平;而有的孩子平时不显山不露水,却在考试中脱颖而出,成为"考试黑马"。在掌握知识差不多的情况下,有一定应试技巧的孩子在考场中会发挥得更好。

那么，什么是应试技巧呢？它主要包括两个方面：一方面是考生的心理素质，不紧张、从容面对、过强的心理素质容易让考生超水平发挥；另一方面是应对考试的方法。

下面让我们来具体看看孩子在考试中应该注意的四个应试技巧。

1. 注意考试中的细节

试卷发下来后先不要着急答题，要先写名字等相关信息，再大致浏览试卷，查看有无漏印、少页、字迹不清等情况；答题时注意保持卷面整洁，字迹工整，给阅卷老师一个好印象；答完题后要仔细检查，不要急于交卷。

2. 在做题过程中稳住心态，先易后难

做题时不要只求快，还要保证质量。不要因为题型简单而忽略题目，审题很重要，一定要认真读题。做题要按照顺序来，遇到不会做的题不要钻牛角尖，也别心慌，可以先跳过去做其他题，将难题画个问号，等全做完再回过头来解决这道难题。

3. 大题解答有技巧

语文解答题或阅读理解要有条理，可以用序号标明，千万不要漏答；数学大题要注意步骤分，不要省略步骤，解题思路要明

确；英语作文要注意字数要求，要仔细审题，不要跑题，英文单词不要有拼写错误。

4．让孩子最大限度地拿高分

基础题要保证不丢分，中档题要少丢分，拔高题要尽量多拿分。平时注意查缺补漏，夯实基础知识。考试时先做基础题和中档题，拔高题一般在试卷最后，这与"先易后难"一致。做拔高题时，如果实在不知怎么解答，可以让孩子将想到的解题步骤写下来，得个步骤分也强过空白。

或许有的孩子会问："掌握了应试技巧，我就一定可以拿高分了吗？"

答案是不一定。应试技巧相当于锦上添花，它得益于基础知识，孩子的基础知识掌握得越扎实，应试技巧就能发挥得越好。所以我们要让孩子知道"万变不离其宗"的道理。要想考出好成绩，就得安心学习，将所学的知识按照科目有计划地复习，规划好学习的每一步，那才是正解。

慢慢人生路，每一步都需要规划好。这里的规划并不是要让孩子像"工具人"一样走固定的路，做既定的事，而是要引导他们对自己的未来有信心。心中有指路的明灯，知道什么时间该做好什么事；知道处于低谷或经历挫折时该如何面对，调整自己的心态和心情；接纳自己的一切，包括不完美的地方。

规划,不只是规划,而是一种人生态度,更是一种学习的境界。

愿每一个孩子都可以找到当下努力的方向,规划好人生中的每一步,拥有一个锦绣的未来!